現地調査・役所調査からみえてくる

相続税 土地評価の減価要因

［第２版］

フジ総合グループ
株式会社フジ総合鑑定
フジ相続税理士法人

不動産鑑定士
藤宮 浩

不動産鑑定士
小野寺 恭孝

税務経理協会

第２版刊行にあたって

おかげさまで本書も第２版を重ねることができました。

改訂にあたっては、これまでの記述から基準や数値が改定された部分や、法改正から時が経ち実務ですでに定着している部分等を加筆しています。

例えば、減価要因の調査事項を記述する第３章では、平成 30 年４月に施行された改正生産緑地法において新たに創設された「特定生産緑地制度」について解説を加えました。この制度は、指定から 30 年を経過する生産緑地を保有している人を対象とするもので、令和４年に指定期間を終える農地の多くが特定生産緑地に移行したといわれています。その他、路線価図や評価倍率表、調整率表などについても最新のものに改めました。

また、郊外のみならず市街地に多数存在しつつも評価上見落とされやすい「がけ地等を有する宅地の評価」や、利用状況によって評価方法がわかれることで判断に迷いやすい「私道の用に供されている宅地の評価」の調査事項を第３章に加えました。調査の流れが具体的にイメージしやすいよう、実際の調査で撮影した写真や、役所で取得した図面などの資料をふんだんに織り込んでいます。

本書を用いることで、相続税・贈与税の基本となる財産評価基本通達に基づく土地評価を的確に理解し、実務にお役立ていただけると幸いです。

2023 年４月

株式会社フジ総合鑑定／フジ相続税理士法人
不動産鑑定士　　藤宮 浩
不動産鑑定士　小野寺 恭孝

はしがき

本書は、相続税・贈与税の土地評価に携わる方に向け、財産評価基本通達に基づく土地評価について「調査」の観点から書いた本です。

路線価は標準的な宅地の単価であり、財産評価基本通達における土地評価の規定は、角地加算など一部を除き、そのほとんどが路線価を減額調整するものです。適正な評価額を算定するためには、土地の「標準的でない部分」を漏れなく拾い上げ評価に織り交ぜなくてはなりません。そのために必要なのが現地調査と役所調査です。

しかし、「現地で何を見てくればいいのか分からない」「スタッフに現地写真は撮ってきてもらっているから」「住宅地図で確認できるし」「複雑な土地ではないと相続人から聞いているから」といった理由で現地から足が遠のいている方がいらっしゃいます。同様に、「役所に行ってもどこの課で何を聞けばいいか分からない」「職員の回答は専門用語ばかりでよく理解できない」等の理由で役所調査を敬遠している方も少なくありません。

本書は不動産調査の入門書として実務で活用できるよう、1章で土地評価をする上で必要な基礎知識や各資料を整理した上で、2章で調査の流れを概観、3章で代表的な減価要因の調査事項を解説しました。不動産調査をすべてマニュアル化するのは難しい面もありますが、少しでも流れがイメージできるよう具体的な調査事項に言及しました。なお、本文中の評価に関する解釈は私見であることをお断りさせていただきます。

不動産調査の足掛かりとしてお役立ていただくことで、本書が相続税・贈与税の適正な納税のための一助となれば幸いです。

最後に、本書を発刊する機会を与えてくださった株式会社税務経理協会の皆様にこの場を借りて心より御礼申し上げます。

2019年5月

株式会社フジ総合鑑定／フジ相続税理士法人

不動産鑑定士　　藤宮 浩

不動産鑑定士　小野寺 恭孝

Contents

第２章　土地評価の流れ

第３章　各減価要因における現地調査・役所調査のポイント

本書の内容は、2023 年 3 月 31 日現在の法令等によっています。

第 1 章

土地評価の基礎知識

1 用語

1　所在地番・住居表示

所在地番とは、不動産登記制度において土地の位置を特定するために 1 筆ごとに付けられた所在および番号をいいます。登記情報の所在欄には土地の所在する市、区、郡、町、村、および字が表示され、地番欄には「○○○番○○」といったように番号が表示されます。

一方、日常使われている住居表示は郵便配達等の利便性を考慮し「住居表示に関する法律」によって新たに定められたもので、地番とは関係ありません。ただし、住居表示が実施されていない地域では地番と住居表示が一致していることもあります。

登記情報を取得するときは地番が必要となるため、住居表示しか分からない場合は法務局やブルーマップ、インターネットの登記情報提供サービスの地番検索サービス等で地番を照会します。

2　地目

地目とは土地の主な用途を表すもので、不動産登記法上、宅地、田、畑、山林、雑種地をはじめ全部で 23 種類あります。

〈地目（不動産登記事務取扱手続準則 68 条）〉
田、畑、宅地、学校用地、鉄道用地、塩田、鉱泉地、池沼、山林、牧場、原野、墓地、境内地、運河用地、水道用地、用悪水路、ため池、堤、井溝、保安林、公衆用道路、公園、雑種地

地目は登記情報の地目欄に記載されます。土地の利用状況に変化があったときは所有者が地目変更登記をしなければなりませんが、必ずしも徹底されているとはいえず、基本的に申請がなければ登記地目は変更されません。これに対し、固定資産

税の算出根拠となる課税地目は市町村が適宜調査を行い、所有者の申請がなくとも現況を反映させています。したがって、登記地目と課税地目は異なることがあります。

財産評価では、不動産登記事務取扱手続準則に準じ次の９種類の地目の別に評価します。

〈地目（財産評価基本通達 7)〉

宅地、田、畑、山林、原野、牧場、池沼、鉱泉地、雑種地

※「山林」には不動産登記事務取扱手続準則 68 条の「保安林」を含み、また「雑種地」には同準則の「墓地」から「雑種地」まで（「保安林」を除く）に掲げるものを含む。

地目は課税時期の現況によって判定します。登記地目、課税地目と現況が異なる可能性もありますので、相続人へのヒアリングや現地調査により相続開始時の実際の利用状況を確認することが必要です。

3　地積

地積とは土地の面積をいいます。登記情報の地積欄に表示される地積を一般に登記地積（公簿地積）といいます。

しかし、縄延びや縄縮み（4 ページ）が生じていることも多く、登記地積と現実の地積は必ずしも一致しません。相続税の財産評価は課税時期の現況に従って行うため、現地での実測値や建築計画概要書（37 ページ）等の資料と照らし合わせて登記地積の整合性を検証する必要があります。

4　境界

土地の境界は「筆界」と「所有権界」に分類されます。筆界は法務局に登記されている地番と地番の境を表し（公法上の境界）、個人の意思で自由に変更することはできません。一方、所有権界は所有権の及ぶ範囲の境を表し（私法上の境界）、必ずしも筆界と一致しているとは限りません。

公図や地積測量図に記載される境界線は筆界を表します。財産評価は課税時期における現況に基づき評価を行いますので、現地調査を行い、相続開始時の実際の利用区分が筆界と異なる場合は現況が優先されます。

5　測量

測量は目的によりいくつかの種類に分かれ、代表的なものとして現況測量と境界確定測量があります。現況測量は土地の利用状況や現地に存在するブロック塀、境界標等に基づいた点を測定することで土地のおおよその寸法や面積、高低差を把握するものです。一方、境界確定測量は隣接する土地との境界を確定することを目的とし、隣地所有者の立ち会いや承諾を伴います。

現況測量は境界のおおよそのラインを推定するに留まりますが、作業が短時間で終了し費用も抑えられるため、財産評価のための調査では比較的多く用いられます。

境界確定測量では所有権の及ぶ範囲が決定され、これをもって登記の申請をすることができます。また境界確定に際して、境界標が亡失している場合には地積測量図等の資料を基にこれを復元します（復元測量）。売却が予定されている土地などは境界確定測量を行っておくことが望ましいでしょう。

6　縄延び・縄縮み

縄延びは公簿上の地積よりも実際の地積の方が大きいことをいい、縄縮みは公簿上の地積よりも実際の地積の方が小さいことをいいます。例えば、登記事項証明書や固定資産税課税明細書等に地積が 300 m^2 と記載されていたとして、実際に測量してみると 350 m^2 あった場合が縄延び、250 m^2 しかなかった場合が縄縮みです。

これは、明治時代の地租改正時の測量において、測量技術が未熟だったこと、地租が少なくて済むよう実際よりも小さく測る傾向があったこと等に由来するといわれています。国土調査や区画整理の完了した土地は通常、縄延びや縄縮みはないと考えられますが、地方の田や畑、山林等では未だ多く見られるため注意が必要です。

7　共有持分

複数人が１つの物を共同で所有している場合に、各人がその物について持っている所有権の割合を共有持分といいます。相続に関連しては、共有分割が遺産分割の方法（現物分割、代償分割、換価分割、共有分割）の１つとして、特に不動産の分割においてよく用いられます。相続人間の公平性は保たれるものの、不動産の単独での利用や処分が困難になることが問題点です。

共有となっている土地の財産評価では、まず共有地全体の評価額を算出し、その価額に共有持分の割合を乗じて各共有持分の評価額を算出します。

8　公道・私道

公道は一般に国や地方公共団体により管理されている道路をいい、農道や赤道、河川管理用道路等も含まれる場合があります。

私道は個人や団体が所有する土地を道路として使用しているものをいい、財産評価上は「不特定多数の者の通行の用に供されているもの」と「専ら特定の者の通行の用に供されているもの」に区別されます。

9　赤道《あかみち》（赤線・里道）・青道《あおみち》（青線）

赤道とは、古くから道路として利用されてきた土地が、道路法上の道路となれずに残されたものをいい、法定外公共物ともいいます。同様に、水路や溜め池として利用されてきたものを青道といいます。

赤道、青道には地番が記載されません。現に道路としての機能を有しているものと、機能を喪失して隣地所有者等に占有されているものがありますが、いずれも国や市町村の所有物であることから原則として評価の対象となりません。

10　時価

一般に時価とはその時点において市場で成立している価格をいいますが、不動産について時価というとき、目的によりその解釈が異なります。

相続税の財産評価においては、相続、遺贈、贈与により取得した財産を「当該財産の取得の時における時価により」（相続税法 22 条）評価するとした上で、時価の意義を「それぞれの財産の現況に応じ、不特定多数の当事者間で自由な取引が行われる場合に通常成立すると認められる価額をいい、その価額は、この通達の定めによって評価した価額による」（財産評価基本通達 1）としています。すなわち、財産評価における時価は、原則として財産評価基本通達（以下、「通達」という）に則って評価された価額と解釈されます。

11　相続税路線価

相続税路線価とは、路線に接する宅地で下記に掲げるすべての事項に該当するものについて、売買実例価額、公示価格、不動産鑑定士等による鑑定評価額、精通者意見価格等を基として国税局長がその路線ごとに評定した1㎡当たりの価額をいい、宅地の価額がおおむね同一と認められる一連の宅地が面している路線（不特定多数の者の通行の用に供されている道路）ごとに設定されます。

・その路線のほぼ中央部にあること
・その一連の宅地に共通している地勢にあること
・その路線だけに接していること
・その路線に面している宅地の標準的な間口距離及び奥行距離を有するく形又は正方形のものであること

相続税路線価は、一般に公示価格（土地取引の指標となる価格）の8割程度に設定されています。相続税路線価には土地の個別性が反映されていないため、財産評価において各種の補正が加えられます。

なお、広義の路線価には固定資産税の算定に用いる固定資産税路線価も別途あります。

12　路線価方式

路線価が定められている地域（路線価地域）に所在する宅地の財産評価の方法を路線価方式といいます。路線価方式では、路線価を基として奥行価格補正、側方路線影響加算、二方路線影響加算、三方又は四方路線影響加算、不整形地補正、規模格差補正、間口狭小補正、奥行長大補正、がけ地補正といった各種の画地補正を行い、その価額に評価対象地の地積を乗じて評価額を算出します。通常、国税庁の「土地及び土地の上に存する権利の評価明細書」の書式を用います。

土地の形状や接道状況が価格形成に与える影響は宅地の利用形態により異なるため、奥行価格補正や不整形地補正等の各補正率は地区区分に応じて定められています。

〈評価明細書　第1表〉

土地及び土地の上に存する権利の評価明細書（第1表）

局(所)　　署	年分	ページ

（平成三十一年一月分以降用）

（住居表示） 所在地番	（　　　）	所有者	住所（所在地） 氏名（法人名）	使用者	住所（所在地） 氏名（法人名）

地目	地積	路線価 正面	路線価 側方	路線価 側方	路線価 裏面	地形図及び参考事項
宅地　山林 田　雑種地 畑　（　　）	㎡	円	円	円	円	

間口距離	m	利用区分	自用地　私道 貸宅地　貸家建付借地権 貸家建付地　転貸借地権 借地権　（　　　）	地区区分	ビル街地区　普通住宅地区 高度商業地区　中小工場地区 繁華街地区　大工場地区 普通商業・併用住宅地区
奥行距離	m				

	計算	（1㎡当たりの価額）	記号
自用地1平方メートル当たりの価額	1　一路線に面する宅地 （正面路線価）　　（奥行価格補正率） 円 ×　　.	円	A
	2　二路線に面する宅地 （A）　［側方・裏面 路線価］　（奥行価格補正率）　［側方・二方 路線影響加算率］ 円 ＋ （　　円 ×　　.　　×　0.　　）	円	B
	3　三路線に面する宅地 （B）　［側方・裏面 路線価］　（奥行価格補正率）　［側方・二方 路線影響加算率］ 円 ＋ （　　円 ×　　.　　×　0.　　）	円	C
	4　四路線に面する宅地 （C）　［側方・裏面 路線価］　（奥行価格補正率）　［側方・二方 路線影響加算率］ 円 ＋ （　　円 ×　　.　　×　0.　　）	円	D
	5-1　間口が狭小な宅地等 （AからDまでのうち該当するもの）　（間口狭小補正率）（奥行長大補正率） 円 ×　（　.　　×　.　　）	円	E
	5-2　不整形地 （AからDまでのうち該当するもの）　不整形地補正率※ 円 ×　　0. ※不整形地補正率の計算 （想定整形地の間口距離）　（想定整形地の奥行距離）　（想定整形地の地積） m ×　　m ＝　　㎡ （想定整形地の地積）　（不整形地の地積）　（想定整形地の地積）　（かげ地割合） （　　㎡ －　　㎡） ÷　　㎡ ＝　　% （不整形地補正率表の補正率）（間口狭小補正率）　（小数点以下2位未満切捨て）　［不整形地補正率（①、②のいずれか低い率、0.6を下限とする。）］ 0.　　×　.　　＝ 0.　　① （奥行長大補正率）　（間口狭小補正率） .　　×　.　　＝ 0.　　②　　0.	円	F
	6　地積規模の大きな宅地 （AからFまでのうち該当するもの）　規模格差補正率※ 円 ×　　0. ※規模格差補正率の計算 （地積（Ⓐ））　（Ⓑ）　（Ⓒ）　（地積（Ⓐ））　（小数点以下2位未満切捨て） ｛（　　㎡×　　＋　　）÷　　㎡｝× 0.8 ＝　0.	円	G
	7　無道路地 （F又はGのうち該当するもの）　（※） 円 ×　（　1　－　0.　　） ※割合の計算（0.4を上限とする。） （正面路線価）　（通路部分の地積）　（F又はGのうち該当するもの）　（評価対象地の地積） （　　円 ×　　㎡） ÷ （　　円 ×　　㎡） ＝ 0.	円	H
	8-1　がけ地等を有する宅地　〔南、東、西、北〕 （AからHまでのうち該当するもの）　（がけ地補正率） 円 ×　　0.	円	I
	8-2　土砂災害特別警戒区域内にある宅地 （AからHまでのうち該当するもの）　特別警戒区域補正率※ 円 ×　　0. ※がけ地補正率の適用がある場合の特別警戒区域補正率の計算（0.5を下限とする。） 〔南、東、西、北〕 （特別警戒区域補正率表の補正率）　（がけ地補正率）　（小数点以下2位未満切捨て） 0.　　×　0.　　＝　　0.	円	J
	9　容積率の異なる2以上の地域にわたる宅地 （AからJまでのうち該当するもの）　（控除割合（小数点以下3位未満四捨五入）） 円 ×　（　1　－　0.　　）	円	K
	10　私道 （AからKまでのうち該当するもの） 円 ×　　0.3	円	L

	自用地1平方メートル当たりの価額（AからLまでのうちの該当記号）	地積	総額（自用地1㎡当たりの価額）×（地積）	
自用地の評価額	（　　）　　円	㎡	円	M

（注）1　5-1の「間口が狭小な宅地等」と5-2の「不整形地」は重複して適用できません。
2　5-2の「不整形地」の「AからDまでのうち該当するもの」欄の価額について、AからDまでの欄で計算できない場合には、（第2表）の「備考」欄等で計算してください。
3　「がけ地等を有する宅地」であり、かつ、「土砂災害特別警戒区域内にある宅地」である場合については、8-1の「がけ地等を有する宅地」欄ではなく、8-2の「土砂災害特別警戒区域内にある宅地」欄で計算してください。

（資4－25－1－A4統一）

（国税庁ホームページより）

〈評価明細書　第2表〉

土地及び土地の上に存する権利の評価明細書（第2表）

セットバックを必要とする宅地の評価額	（自用地の評価額） 円 －（（自用地の評価額）円 × （該当地積）㎡ ／ （総地積）㎡ × 0.7）	（自用地の評価額） 円	N
都市計画道路予定地の区域内にある宅地の評価額	（自用地の評価額）　　（補正率） 円 × 0.	（自用地の評価額） 円	O

（平成三十一年一月分以降用）

大規模工場用地等の評価額	○ 大規模工場用地等 （正面路線価）　　（地積）　　（地積が20万㎡以上の場合は0.95） 円 ×　　㎡ ×	円	P
	○ ゴルフ場用地等 （宅地とした場合の価額）（地積）　（1㎡当たりの造成費）　（地積） （　　円 ×　　㎡×0.6）－（　　円×　　㎡）	円	Q

	利用区分	算式	総額	記号
総額計算による価額	貸宅地	（自用地の評価額）　　（借地権割合） 円 ×（1－ 0.　　）	円	R
	貸家建付地	（自用地の評価額又はT）　（借地権割合）（借家権割合）（賃貸割合） 円 ×（1－ 0.　　×0.　　× ㎡／㎡）	円	S
	（　）権の目的となっている土地	（自用地の評価額）　　（　　割合） 円 ×（1－ 0.　　）	円	T
	借地権	（自用地の評価額）　　（借地権割合） 円 × 0.	円	U
	貸家建付借地権	（U, ABのうちの該当記号）　（借家権割合）　（賃貸割合） （　） 円 ×（1－ 0.　　× ㎡／㎡）	円	V
	転貸借地権	（U, ABのうちの該当記号）　（借地権割合） （　） 円 ×（1－ 0.　　）	円	W
	転借権	（U, V, ABのうちの該当記号）　（借地権割合） （　） 円 × 0.	円	X
	借家人の有する権利	（U, X, ABのうちの該当記号）　（借家権割合）　（賃借割合） （　） 円 × 0.　　× ㎡／㎡	円	Y
	（　）権	（自用地の評価額）　　（　　割合） 円 × 0.	円	Z
	権利が競合する場合の土地	（R, Tのうちの該当記号）　（　　割合） （　） 円 ×（1－ 0.　　）	円	AA
	他の権利と競合する場合の権利	（U, Zのうちの該当記号）　（　　割合） （　） 円 ×（1－ 0.　　）	円	AB
備考				

（注）　区分地上権と区分地上権に準ずる地役権とが競合する場合については、備考欄等で計算してください。

（資4－25－2－A4統一）

（国税庁ホームページより）

地区区分	概要
ビル街地区	敷地規模の大きい高層のオフィスビル、店舗等が建ち並ぶ地区
高度商業地区	中高層の店舗、事務所等が建ち並ぶ地区
繁華街地区	各種小売店舗、飲食店舗、レジャー施設等が建ち並ぶ繁華性の高い地区
普通商業・併用住宅地区	中低層の店舗、事務所等が建ち並ぶ地区やこれらと居住用建物が混在する地区
普通住宅地区	主に居住用の建物が建ち並ぶ地区
中小工場地区	敷地規模が 9,000 ㎡程度までの工場、倉庫、流通センター等が建ち並ぶ地区
大工場地区	敷地規模がおおむね 9,000 ㎡を超える工場、倉庫、流通センター等が建ち並ぶ地区

13　倍率方式

路線価が定められていない地域（倍率地域）に所在する土地は倍率方式によって評価します。倍率方式では、土地の固定資産税評価額に、評価倍率表（44 ページ）に記載の倍率を乗じて評価額を算出します。

なお、宅地の評価において、相続税財産評価は利用単位を 1 画地として評価するのに対し、固定資産税評価は原則として筆ごとに評価します。したがって、相続税評価と固定資産税評価の評価単位が一致しているかを確認する必要があります。

14　評価単位

土地の評価単位は、宅地は「1 画地の宅地ごと」、田および畑は「1 枚の農地ごと」、山林は「1 筆の山林ごと」に評価するというように、地目ごとに定められています。

「1 画地の宅地」は利用の単位となっている 1 区画の宅地をいいます。利用単位は筆ごとではなく、現実の利用状況に基づいて判定します。貸家建付地や貸宅地など権利が付着している場合や、相続における取得者が異なる場合等さまざまな状況があり、その判定次第で土地の価額が変わってしまいますので、現地調査等を行い、利用状況を適正に把握することが大切です。

15　不合理分割

原則的な評価単位の判定に対し、例外的なケースとして不合理分割があります。

不合理分割とは、贈与や遺産分割協議により土地の分割が行われたときに、分割後の土地が宅地として通常の用途に供することができないなど、その分割が著しく不合理であると認められるような分割をいいます。この場合は分割前の土地を 1 画地の宅地として評価します。

例えば、分割によって無道路地や帯状地、著しく狭あいな画地や不整形地を創出するなど、現在や将来に有効な土地利用が図れないと見込まれる場合が該当します。また、分割された土地に建物がまたがって建っており、取得者ごとに分離処分（売却）をすることが事実上不可能である場合も、不合理分割に該当すると考えられます。

16　財産評価・鑑定評価

相続税を計算するに際しては、非課税財産を除くすべての財産を相続開始時の時価で評価することとなります。財産評価における時価とは、原則として通達の定めに従って評価した価額を指します。これは不特定多数の当事者間で自由な取引が行われる場合に通常成立すると認められる価額をいい、その財産の価額に影響を及ぼすべきすべての事情を考慮するとされています。

一方、不動産鑑定評価基準に基づく鑑定評価における時価とは、現実の社会経済情勢の下、合理的市場で形成される価格（正常価格）であり、価格形成要因を相互に分析しその影響を判定することが必要とされています。したがって、財産評価における時価も鑑定評価における時価も、ともに不動産の価格形成要因を反映した客観的な交換価値を表している点では共通しています。

しかし、異なる点もあります。財産評価は評価上の安全性や課税の公平性を考慮して各種の補正率が定められているため画一的な評価になりやすく、現実の市場性が反映されにくいという特徴があります。一方、鑑定評価は不動産鑑定士が不動産に影響を及ぼす地域性や個別性といったあらゆる要因を考慮してその経済価値を判定するため、より現実の市場性を反映しているといえます。

相続税の財産評価は原則として通達に従って行いますが、通達に基づく路線価評価等で算定した価額が適正な時価を大幅に上回る場合等には、実際の売買価額や鑑定評価等による時価算定を用いることもあります。

2 財産評価における頻出法規（都市計画法・建築基準法）

1 都市計画法

(1) 都市計画区域（都市計画法５条）・準都市計画区域（同５条の２）

都市計画区域とは、自然的および社会的条件、人口、土地利用、交通量等を勘案した上で、一体の都市として総合的に整備や開発、保全を行う必要があるとして指定される区域をいいます。都市計画区域は市町村の別に捉われずに定められ、区域内に市街化区域・市街化調整区域や用途地域が設定されます。

準都市計画区域とは、都市計画区域の外ではあるものの土地利用の整序や環境保全の措置を講ずることなく放置すれば将来に支障が生じるおそれがあるとして、無秩序な開発等を防ぐために指定される区域をいいます。準都市計画区域は都市計画区域外に定められ、例えば、市街地から離れた高速道路のインターチェンジ周辺や幹線道路の沿線等が挙げられます。

(2) 市街化区域・市街化調整区域（都市計画法７条）

計画的な市街化を図るため、都市計画区域内には市街化区域および市街化調整区域が定められます。

市街化区域は、①すでに市街地を形成している区域または②おおむね10年以内に優先的に市街化を図る区域です。市街化区域内には必ず用途地域が設定されます。

市街化調整区域は市街化を抑制すべき区域であり、開発行為や建物の建築が厳しく制限されます。市街化調整区域内には、原則として用途地域は定められません。

このほか、都市計画区域内であっても市街化区域・市街化調整区域の区分を定めない区域があり、これを非線引き区域（区域区分が定められていない都市計画区域）といいます。現時点で区域区分が保留されている区域であり、用途地域の設定は任意となります。

(3)　用途地域（都市計画法8条・9条）

都市計画区域には目的に応じた地域地区が定められます。用途地域は地域地区の一つで、市街地の類型に応じて13種類あります。それぞれの地域には各地域に建築できる建物の用途や建ぺい率、容積率、高さ制限等が定められ、住居・商業・工業の適切な配置が図られます。

住居系	第一種低層住居専用地域	低層住宅に係る良好な住居の環境を保護するため定める地域
	第二種低層住居専用地域	主として低層住宅に係る良好な住居の環境を保護するため定める地域
	第一種中高層住居専用地域	中高層住宅に係る良好な住居の環境を保護するため定める地域
	第二種中高層住居専用地域	主として中高層住宅に係る良好な住居の環境を保護するため定める地域
	第一種住居地域	住居の環境を保護するため定める地域
	第二種住居地域	主として住居の環境を保護するため定める地域
	準住居地域	道路の沿道としての地域の特性にふさわしい業務の利便の増進を図りつつ、これと調和した住居の環境を保護するため定める地域
	田園住居地域（新設、平成30年4月施行）	農業の利便の増進を図りつつ、これと調和した低層住宅に係る良好な住居の環境を保護するため定める地域
商業系	近隣商業地域	近隣の住宅地の住民に対する日用品の供給を行うことを主たる内容とする商業その他の業務の利便を増進するため定める地域
	商業地域	主として商業その他の業務の利便を増進するため定める地域
工業系	準工業地域	主として環境の悪化をもたらすおそれのない工業の利便を増進するため定める地域
	工業地域	主として工業の利便を増進するため定める地域
	工業専用地域	工業の利便を増進するため定める地域

(4)　地区計画（都市計画法12条の4・12条の5）

建築物の態様や配置等は用途地域をはじめとする地域地区によって規制されますが、地域の特性に応じたより細かな都市計画を必要とする場合に地区計画が定められます。

地区計画には地区施設の配置や規模のほか、建築物等の用途制限、容積率の最高・最低限度、建ぺい率の最高限度、敷地面積や建築面積の最低限度、壁面の位置の制限等が定められます。中でも容積率は財産評価に直接影響を及ぼす可能性がありますので、役所調査では用途地域だけでなく地区計画の存在を確認します。

(5)　開発許可（都市計画法29条）

都市計画区域や準都市計画区域等で一定規模以上の開発行為（宅地造成等）を行うときは、開発許可制度に基づき、原則としてあらかじめ都道府県知事の許可を受けなければなりません。また、市街化調整区域では原則として開発行為が認められませんが、建築物の用途等が一定の条件に当てはまる場合は開発が許可されます。

開発許可基準は都市計画法等の規定に加え、条例や開発指導要綱（33ページ）で各自治体が独自に定めます。竣工後は工事が適切に行われたかどうかを確認するための完了検査を受け、適合すると認められれば検査済証が交付されます。

〈開発許可を必要とする開発行為の規模〉

都市計画区域	線引き都市計画区域	市街化調整区域	原則としてすべての開発行為
		市街化区域	1,000 m^2（三大都市圏の既成市街地等は500 m^2）以上※
	非線引き都市計画区域		3,000 m^2 以上※
準都市計画区域			3,000 m^2 以上※
都市計画区域および準都市計画区域外			1 ha 以上

※開発許可権者が条例で300 m^2 まで引き下げ可

2　建築基準法

(1)　建築確認（建築基準法6条）・完了検査（同7条）

建築基準法に定める一定の建築物を建築・増改築等するときは、工事の着手前にその計画が法令の建築基準に適合している旨の確認を受ける必要があります。これを建築確認といい、建築計画概要書（37ページ）等を添えて建築主が申請します。審査は自治体の建築主事等が行い、確認後に確認済証が交付されます。

また、中間検査が必要な建築物は工事の途中で中間検査を、建築物が完成したときには完了検査を受けることが義務付けられており、検査の履歴は建築計画概要書に記載されます。近年建てられた建物であれば完了検査を受けているものがほとんどですが、築年数の古い建物の中には完了検査を受けていないケースも多いようです。

(2) 建築基準法上の道路（建築基準法42条）

道路は道路法、都市計画法、建築基準法等の様々な行政法規により規定されています。このうち建築基準法は建築物が接道義務（17ページ）を満たすための要件を定めており、その理解は土地評価に必要不可欠です。

建築基準法は42条で道路を下表の通り規定しており、同法において「道路」というときは42条に定める道路を指します。

幅員	条文	種類	公道・私道
4ｍ以上	1号	道路法による道路（国道・都道・市道等）	公道
	2号	都市計画法、土地区画整理法、都市再開発法等の開発許可により築造された道路（開発道路）	公道・私道
	3号	法施行時（昭和25年）にすでに存在していた道	公道・私道
	4号	道路法、都市計画法等で2年以内に事業が行われる予定のものとして特定行政庁が指定したもの	公道
	5号	土地を建築物の敷地として利用するために新たに築造される道で、特定行政庁から指定を受けたもの（位置指定道路）	私道
4ｍ未満	2項	法施行時にすでに存在していた幅員4ｍ未満の道で特定行政庁が指定したもの（2項道路）	公道・私道

(3) 開発道路（建築基準法42条1項2号）

一定規模以上の土地で宅地分譲等を行う際は都市計画法による開発許可を得る必要があります。この開発許可を得て開発区域内に造られる道路を一般に開発道路と呼びます。開発道路の設置基準の詳細は自治体ごとに開発指導要綱に規定されます。

開発道路は公共性を持つことから、設置後は原則として公道（道路法上の道路）として管理されます。ただし、行き止まり道路等の場合は協議により土地所有者が管理者となることもあり、この場合、私道として評価対象になる可能性があります。

開発道路に関する資料としては開発登録簿（33ページ）があり、市区町村の開発指導課等で閲覧・取得できます。

〈開発道路の例〉

(4)　位置指定道路（建築基準法42条１項５号）

土地を区分してそれぞれを建築物の敷地として利用する場合、すべての区画が建築基準法上の道路に接道する必要があります。そのような場合に、基準を満たすよう特定行政庁から位置の指定を受けて築造する道路を位置指定道路と呼びます。

位置指定道路の多くは都市計画法の開発許可を要さない小規模な宅地分譲等に伴うもので、自治体の条例等により要件が定められますが、一般的に開発道路よりも規模が小さく、設置後は私道として管理されることがほとんどです。分譲であれば、各区画の所有者の共有となることが一般的です。

位置指定道路に関する資料としては道路位置指定図があり、市区町村の建築指導課等で閲覧・取得できます。

〈位置指定道路の例〉

(5)　42条2項道路（建築基準法42条2項）

建築物の敷地は原則として幅員4m以上の道路に2m以上接道しなければなりませんが、建築基準法が施行された昭和25年より前にすでに建築物が建ち並んでいた幅員4m未満の道については建築基準法上の道路とみなすこととされています。これを通称「42条2項道路」あるいは「2項道路」と呼びます。

42条2項道路に接する土地で建物の建て替えや増改築を行う際は、原則として道路中心線から両側に2mずつ後退した線までを道路敷きとして提供する必要があります。これをセットバックといい、財産評価上、セットバック部分は自用地評価額の3割で評価されます（138ページ）。

〈2項道路の例〉

(6)　接道義務（建築基準法43条）

建築物の敷地は原則として建築基準法上の道路に2m以上接しなければならず、これを接道義務といいます。接道義務は都市計画区域および準都市計画区域内でのみ適用され、都市計画の定められていない区域では適用されません。また、建築物の規模や用途によっては、原則よりも厳しい接道要件が規定されていることがあります。

土地が接道していても、その道路が建築基準法上の道路でなければ接道義務を満たしません。建築が不可能な土地の市場価値は建築可能な土地に比べて大幅に低くなります。まれに建築基準法上の道路ではない道に路線価が設定されていることがありますが、そのような場合、当該路線価に基づく評価が適正でない可能性があります。このことからも現地や役所での道路調査が重要といえます。

(7)　指定容積率・基準容積率（建築基準法52条）

容積率とは敷地面積に対する建物延床面積の割合をいいます。土地に適用される容積率の最高限度は用途地域に応じて定められていますが、前面道路幅員が12m未満の場合は道路幅員による制限を考慮する必要があります。用途地域別に指定される容積率を指定容積率、道路幅員による容積率を基準容積率といい、いずれか厳しい方の制限を受けます。

ただし、一定の条件に当てはまる場合は容積率の緩和が認められることがあります。

<table>
<tr><th colspan="2" rowspan="2">用途地域</th><th>指定容積率（%）</th><th>基準容積率（%）</th></tr>
<tr><th>都市計画により用途地域ごとに定められる容積率。</th><th>前面道路幅員に基づく容積率。前面道路幅員が12m未満の場合に適用され、幅員×容積率低減係数で算定する。</th></tr>
<tr><td rowspan="2">住居系</td><td>第1種低層住居専用地域
第2種低層住居専用地域
田園住居地域</td><td>50、60、80、100、150、200</td><td>前面道路幅員（m）× 40</td></tr>
<tr><td>第1種中高層住居専用地域
第2種中高層住居専用地域
第1種住居地域
第2種住居地域
準住居地域</td><td rowspan="2">100、150、200、300、400、500</td><td>前面道路幅員（m）× 40
※指定区域では60</td></tr>
<tr><td rowspan="3">商業・工業系</td><td>近隣商業地域
準工業地域</td><td rowspan="4">前面道路幅員（m）× 60
※指定区域では40または80</td></tr>
<tr><td>商業地域</td><td>200～1,300（100刻み）</td></tr>
<tr><td>工業地域
工業専用地域</td><td>100、150、200、300、400</td></tr>
<tr><td colspan="2">用途地域外（都市計画区域内）</td><td>50、80、100、200、300、400</td></tr>
</table>

(8) 建ぺい率（建築基準法53条）

建ぺい率とは敷地面積に対する建築面積の割合をいいます。建築面積は建物を真上から見たときの面積（水平投影面積。斜面や凹凸を考慮せず全て水平とみなして算出する）です。土地に適用される建ぺい率の最高限度は用途地域に応じて定められていますが、一定の条件に当てはまる場合に建ぺい率の緩和が認められることがあります。

例えば、土地が角地に該当する場合は建ぺい率に10％を加算することができます。ただし、緩和が受けられる角地は道路の交わる角度や接道する長さの割合等が自治体の指定する要件に合致している必要があります。

ところで、相続税の土地評価には角地加算（側方路線影響加算）があります。角地とは２つの道路が交わる角に面する土地をいいますが、その角度は直角とは限らず、鋭角や鈍角のこともあります。しかし実のところ、何を以て角地と判定するかは通達上、明確に規定されていません。そこで、角地の経済的価値に着目し、建ぺい率の角地緩和が受けられるかどうかを判断基準として用いることがあります。

用途地域		建ぺい率（%）
住居系	第１種低層住居専用地域 第２種低層住居専用地域 第１種中高層住居専用地域 第２種中高層住居専用地域 田園住居地域	30、40、50、60
	第１種住居地域 第２種住居地域 準住居地域	50、60、80
商業・工業系	近隣商業地域	60、80
	商業地域	80
	準工業地域	50、60、80
	工業地域	50、60
	工業専用地域	30、40、50、60
用途地域外（都市計画区域内）		30、40、50、60、70

3 資料

1 法務局

(1) 登記事項証明書（土地・建物）

登記事項証明書とは、登記事務がコンピュータ化された法務局で発行される、登記記録に記録された事項を証明した書面をいい、全国どこの不動産のものでも最寄

〈全部事項証明書〉

表題部（土地の表示）	調製	平成[redacted]年[redacted]月[redacted]日	不動産番号	[redacted]
地図番号	余白	筆界特定	余白	
所在	[redacted]市[redacted]丁目		余白	

①地番	②地目	③地積 ㎡	原因及びその日付〔登記の日付〕
[redacted]番[redacted]	宅地	３６：８５	余白
余白	余白	余白 ：	平成１７年法務省令第１８号附則第３条第２項の規定により移記 平成[redacted]年[redacted]月[redacted]日

権利部（甲区）（所有権に関する事項）			
順位番号	登記の目的	受付年月日・受付番号	権利者その他の事項
1	所有権移転	平成[redacted]年[redacted]月[redacted]日 第[redacted]号	原因 平成[redacted]年[redacted]月[redacted]日相続 共有者 [redacted]郡[redacted]町[redacted]番地 持分４分の１ [redacted] [redacted]市[redacted]丁目[redacted]番[redacted]号 ４分の１ [redacted] [redacted]市[redacted]町[redacted]丁目[redacted]番[redacted]号 ４分の１ [redacted] [redacted]市[redacted]丁目[redacted]番[redacted]号 ４分の１ [redacted] 順位２番の登記を移記
	余白	余白	平成１７年法務省令第１８号附則第３条第２項の規定により移記 平成[redacted]年[redacted]月[redacted]日

権利部（乙区）（所有権以外の権利に関する事項）			
順位番号	登記の目的	受付年月日・受付番号	権利者その他の事項
1	要役地地役権	余白	承役地 [redacted]市[redacted]番[redacted] 目的 通行 範囲 全部 昭和[redacted]年[redacted]月[redacted]日登記 順位３番の登記を移記
	余白	余白	平成１７年法務省令第１８号附則第３条第２項の規定により移記 平成[redacted]年[redacted]月[redacted]日

＊ 下線のあるものは抹消事項であることを示す。

りの法務局で取得することができます。窓口での請求のほか、オンライン請求や管轄法務局への郵送請求をすることも可能です。また、登記情報を確認する目的であればインターネットの登記情報提供サービスを利用することもできます。

登記事項証明書は総称であり、表示される範囲により「全部事項証明書」「現在事項証明書」等があります。全部事項証明書には、抹消された事項を含めて現在までのすべての登記履歴が記載されます。一方、現在事項証明書には、現在有効な内容だけが記載されます。財産評価では全部事項証明書を参照するのが一般的です。

登記事項は「表題部」「権利部（甲区）」「権利部（乙区）」からなり、表題部には不動産の物理的現況、権利部（甲区）には所有権に関する事項、権利部（乙区）には所有権以外の権利に関する事項が表示されます。地目や地積、所有権者だけでなく、権利部（乙区）に表示される権利関係も見落とさないようにしてください。

〈不動産登記における主な登記手数料〉（平成25年4月1日～）

登記事項証明書・謄本、一部事項証明書・抄本、所有者事項証明書　等 (※1)	書面請求	600円
	オンライン請求・送付	500円
	オンライン請求・窓口交付	480円
地図・地図に準ずる図面（公図）、地積測量図・土地所在図、建物図面・各階平面図、地役権図面　等 (※2)	書面請求	450円
	オンライン請求・送付	450円
	オンライン請求・窓口交付	430円

(※1)　1通の枚数が50枚を超える場合には、その超える枚数50枚までごとに100円が加算されます。
(※2)　手数料の単位については、地図等の証明書は「1筆の土地又は1個の建物」、土地所在図の証明書は「1事件」となります。

〈登記情報提供サービスにおける主な手数料〉（令和3年10月1日～）

全部事項	332円（331円）
所有者事項	142円（141円）
地図・地図に準ずる図面（公図）、地積測量図・土地所在図、建物図面・各階平面図、地役権図面	362円（361円）

（　　）内の料金は、消費税不課税対象者（利用者の住所等が日本国外にある場合に、消費税法の課税対象外となり消費税が課されない方）の利用料金です。

(2)　14条地図（不動産登記法14条地図）

法務局備え付けの土地の位置を示す図面は、大きく分けて「14条地図」と「地図に準ずる図面（公図）」の２種類があります。

14条地図とは、不動産登記法14条によって法務局に備え付けることとされている地図です。不動産登記法上、地図とは基準点に基づく測量により作成されたものをいい、一定の精度が求められます。14条地図があれば、境界標が失われて土地の境界が分からなくなっても、当該地図に基づく復元測量を行った上で境界を特定することができます。

取得した図面が何に由来するかは「種類」欄に記載され、地籍図、土地区画整理所在図、土地改良所在図等があります。また、「精度区分」欄には誤差の限度が甲1、甲2、甲3、乙1、乙2、乙３の６区分に分類され表示されます。

全国の法務局に備え付けられている図面のうち14条地図は全体の半数程度であるといわれ、現在も自治体による地籍調査が進められています。地籍調査等による測量結果に基づき、登記情報の地積や地目は適宜更正され、公図に代わり14条地図が添付されることとなります。

(3)　公図（地図に準ずる図面）

法務局備え付けの土地の位置を示す図面のうち「地図に準ずる図面」を公図と呼びますが、広義には14条地図を含めた両者を総合して公図と呼ぶこともあります。ここでは、「地図に準ずる図面」としての公図を説明します。

公図の多くは明治時代の地租改正時に作成された旧土地台帳附属地図に由来しています。当時の測量技術の未熟さや年月の経過等から、面積や形状が現況と一致しないことが多く、正確性に欠けます。しかし、先述の通り精度の高い地図の整備状況は十分とはいえないため、不動産登記法14条は、地図が備え付けられるまでの間これに代えて地図に準ずる図面を備え付けることができるとしています。

公図は精度が低いことがあるとはいえ、隣地との位置関係や土地の形状をある程度知ることができる、土地評価には欠かせない資料です。公図の性質をふまえた上での利用が求められます。

公図は固定資産税等の課税業務を行うために役所でも保管していることがあり、資産税課等の窓口で取得できる場合もあります。

〈14条地図〉

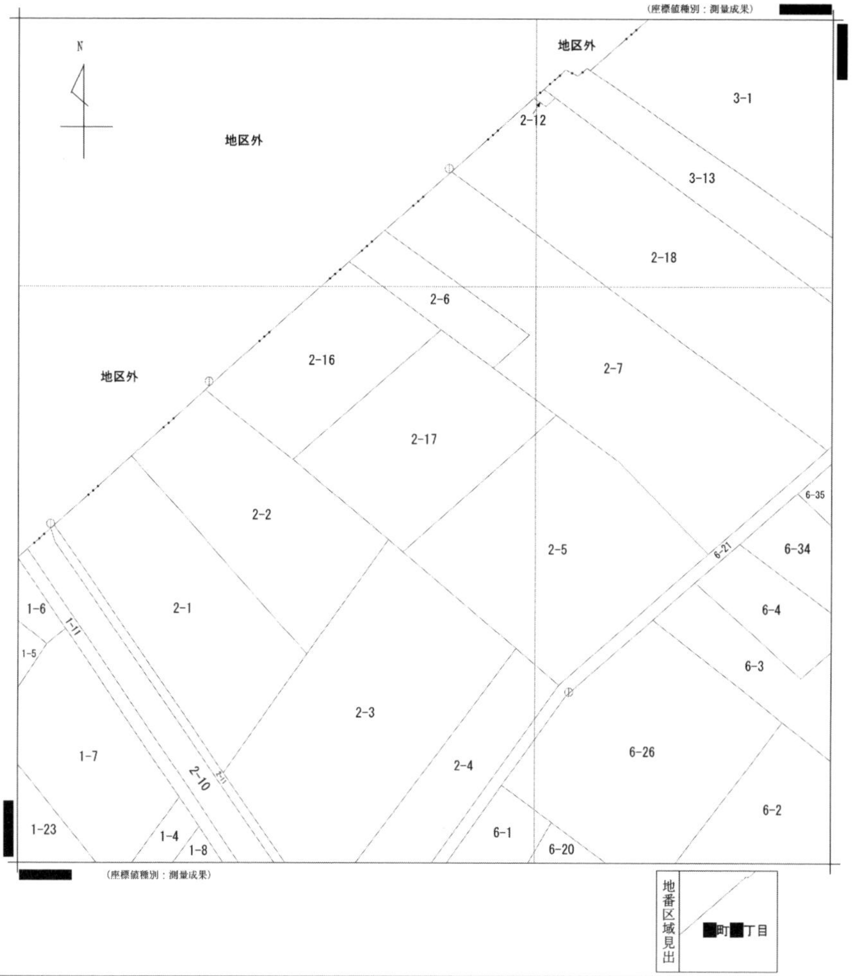

請求部分	所在	[redacted]市[redacted]町[redacted]丁目				地番	[redacted]番[redacted]		
出力縮尺	1/500	精度区分	甲二	座標系番号又は記号	Ⅷ	分類	地図(法第１４条第１項)	種類	地籍図
作成年月日	平成17年2月			備付年月日(原図)	平成20年2月20日		補記事項		

〈地図に準ずる図面〉

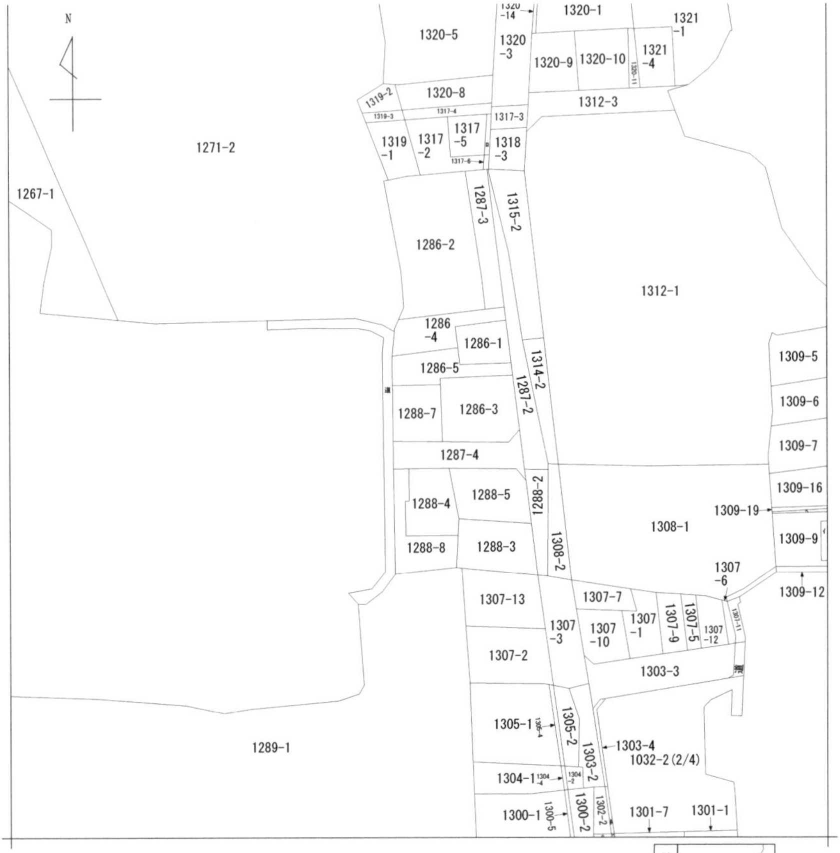

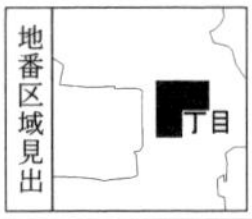

請求部分	所在	[redacted]区[redacted]丁目				地番	[redacted]番[redacted]		
出力縮尺	1/600	精度区分		座標系番号又は記号		分類	地図に準ずる図面	種類	旧土地台帳附属地図
作成年月日		備付年月日(原図)		補記事項					

(4)　地積測量図

地積測量図は登記情報に付随して法務局に備え付けられている図面で、測量の結果を表したものです。新しく土地を登記するときや、分筆など地積に変更を生じる登記をするときに作成され、申請書とともに法務局へ提出することとなっています。ただし、登記申請に地積測量図が必要となったのは昭和 35 年以降ですので、すべての土地に地積測量図が備えられているとは限りません。また、その精度も年代によってばらつきがあります。

地積測量図には、土地の形状や方位、地積、求積方法、境界点間の距離等が記載されています。比較的新しいものには境界標の位置が表示されていますので、現地調査に先立って確認しておくとよいでしょう。

なお現在では、分筆登記の際、分筆する土地だけでなく残地も求積することが義務付けられていますが、かつては分筆する土地部分だけの求積が許されており、その場合、残地の地積は登記地積から分筆した土地の地積を控除して計算（残地計算）されていました。したがって、平成 17 年以前の地積測量図では、分筆後の残地の形状や地積が正確とは限りません。

(5)　建物図面・各階平面図

建物図面は建物の形状や敷地内の位置関係を表した図面であり、各階平面図は建物各階の形状や外形寸法、床面積等を表した図面です。多くは 1 枚の用紙に建物図面と各階平面図が一緒に記載されています。建物の新築・増改築を行った際の登記申請に添付することが義務付けられていますが、地積測量図同様、必ず備えられているとは限りません。

建物図面には、建物の位置を明らかにするため、敷地の筆界線から建物までの距離を 2 か所以上記載しなければなりません。しかし、あくまで建物に関する図面ですので、土地の境界線についてはあまり正確ではないことがあります。特に、14 条地図や地積測量図がない場合は精度の低い公図に基づいている可能性があるため、参考程度にとどめるとよいでしょう。

〈地積測量図〉

地　積　測　量　図

地　　番	[redacted]番[redacted] [redacted]番[redacted]
土地の所在	[redacted]市[redacted]丁目

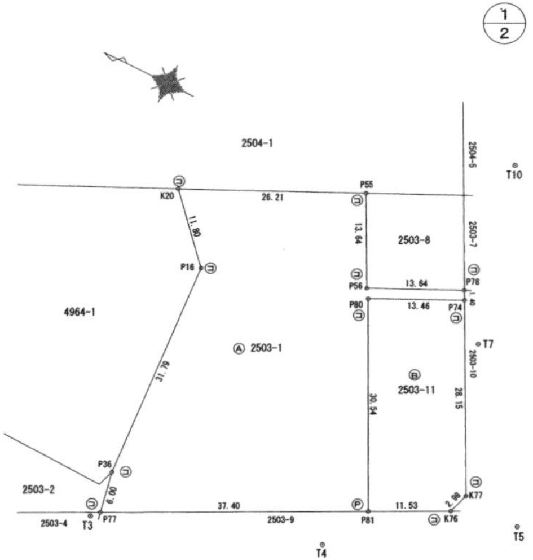

座　標　求　積　表

地　番	Ⓐ　2503−1		
測　点	Xn	Yn	(Xn+1 − Xn−1) Yn
P81	[redacted]	[redacted]	400928. 437129
P80	[redacted]	[redacted]	−41541. 486485
P74	[redacted]	[redacted]	239177. 434568
P78	[redacted]	[redacted]	−270690. 414195
P56	[redacted]	[redacted]	−390278. 199250
P55	[redacted]	[redacted]	−626510. 957588
K20	[redacted]	[redacted]	−325940. 073888
P16	[redacted]	[redacted]	219225. 591816
P36	[redacted]	[redacted]	76757. 093455
P77	[redacted]	[redacted]	721605. 883504
		倍　面　積	2733. 309066
		面　　積	1366. 6545330
		地　　積	1366. 65　㎡

地　番	Ⓑ　2503−11		
測　点	Xn	Yn	(Xn+1 − Xn−1) Yn
K77	[redacted]	[redacted]	−255989. 119639
P74	[redacted]	[redacted]	−527290. 840047
P80	[redacted]	[redacted]	41541. 486485
P81	[redacted]	[redacted]	509264. 820339
K76	[redacted]	[redacted]	233293. 654272
		倍　面　積	820. 001410
		面　　積	410. 0007050
		地　　積	410. 00　㎡

合　計　1776. 6552380

筆界点座標値	任　意　座　標
縮 尺 係 数	0. 999905
測量年月日	平成[redacted]年[redacted]月[redacted]日

凡例	記号	境界標の種別	記号	境界標の種別	記号	境界標の種別
	㊆	石　杭	Ⓑ	金　属　鋲	㊎	刻　印
	Ⓒ	コンクリート杭	㊎	金　属　杭		
	Ⓟ	プラスチック杭	Ⓟ	金属プレート		

作成者	（平成[redacted]年[redacted]月[redacted]日作成）

申請人		縮尺	1/500

（[redacted]土地家屋調査士会用紙）

〈建物図面・各階平面図〉

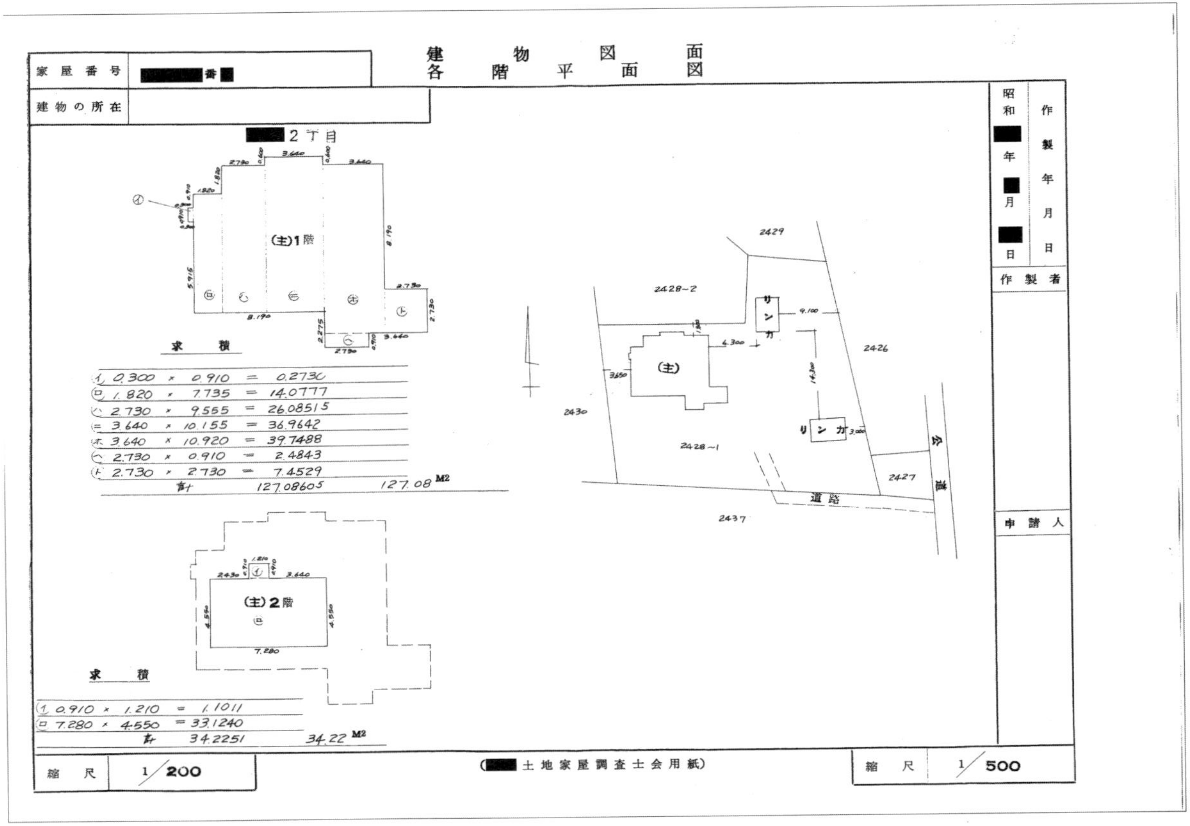
建物図面
各階平面図
家屋番号 [redacted]番[redacted]
建物の所在
[redacted]2丁目
(主)1階
求積
イ 0.300 × 0.910 = 0.2730
ロ 1.820 × 7.735 = 14.0777
ハ 2.730 × 9.555 = 26.08515
ニ 3.640 × 10.155 = 36.9642
ホ 3.640 × 10.920 = 39.7488
ヘ 2.730 × 0.910 = 2.4843
ト 2.730 × 2.730 = 7.4529
計 127.08605 127.08 M2
(主)2階
求積
イ 0.910 × 1.210 = 1.1011
ロ 7.280 × 4.550 = 33.1240
計 34.2251 34.22 M2
縮尺 1/200
2429
2428~2
2428~1
2426
2430
2427
2437
(主)
リンカ
公道
道路
昭和[redacted]年[redacted]月[redacted]日
作製年月日
作製者
申請人
([redacted]土地家屋調査士会用紙)
縮尺 1/500

(6)　地役権図面

地役権図面は地役権の及ぶ範囲を示した図面です。地役権とは、一定の目的に従って他人の土地を自己の土地の便益のために利用する権利をいい、通行地役権や擁壁地役権等があります。地役権は登記情報の乙区に記載されます。

地役権の設定により利益を得る側の土地を要役地、利用される側の土地を承役地といい、地役権図面は承役地について作成されます。地役権の及ぶ範囲が１筆の土地全体である場合は、その範囲を示す必要はないので、地役権図面は作られません。図面が作られるのは、筆の一部に地役権が設定される場合だけです。

地役権設定の有無は土地評価に大きな影響を与えるため、見落とさないよう注意してください。

2　行政庁

(1)　固定資産課税台帳・名寄帳

固定資産課税台帳は固定資産税の課税のために市町村等が整備している台帳であり、土地課税台帳、土地補充課税台帳、家屋課税台帳、家屋補充課税台帳、償却資産課税台帳の５つを総称するものです。不動産の所在地番のほか、固定資産税・都市計画税の課税標準額や課税額が記載されています。

また、固定資産課税台帳の内容を納税義務者ごとにまとめたものを名寄帳といいます。各市町村内の不動産であれば、非課税不動産（公衆用道路となっている私道や課税標準額が規定の額に満たない不動産等）も含め、１月１日時点で所有しているすべての不動産が記載されます。ただし、共有名義のものは別の名寄帳となっている可能性があるため注意が必要です。

(2)　固定資産税課税明細書（固定資産税納税通知書）

固定資産税課税明細書は、その年の１月１日時点で所有している不動産で、固定資産税・都市計画税の課税対象となっているものの状況が記載された書面です。毎年4～6月頃に市町村役場等から納税義務者に送付されます。固定資産税は１月１日時点の所有者に賦課されるため、年の途中で所有者が変わっても納税義務者は変更されません。

相続税の財産評価では相続人等から入手することが一般的です。なお、固定資産

〈地役権図面〉

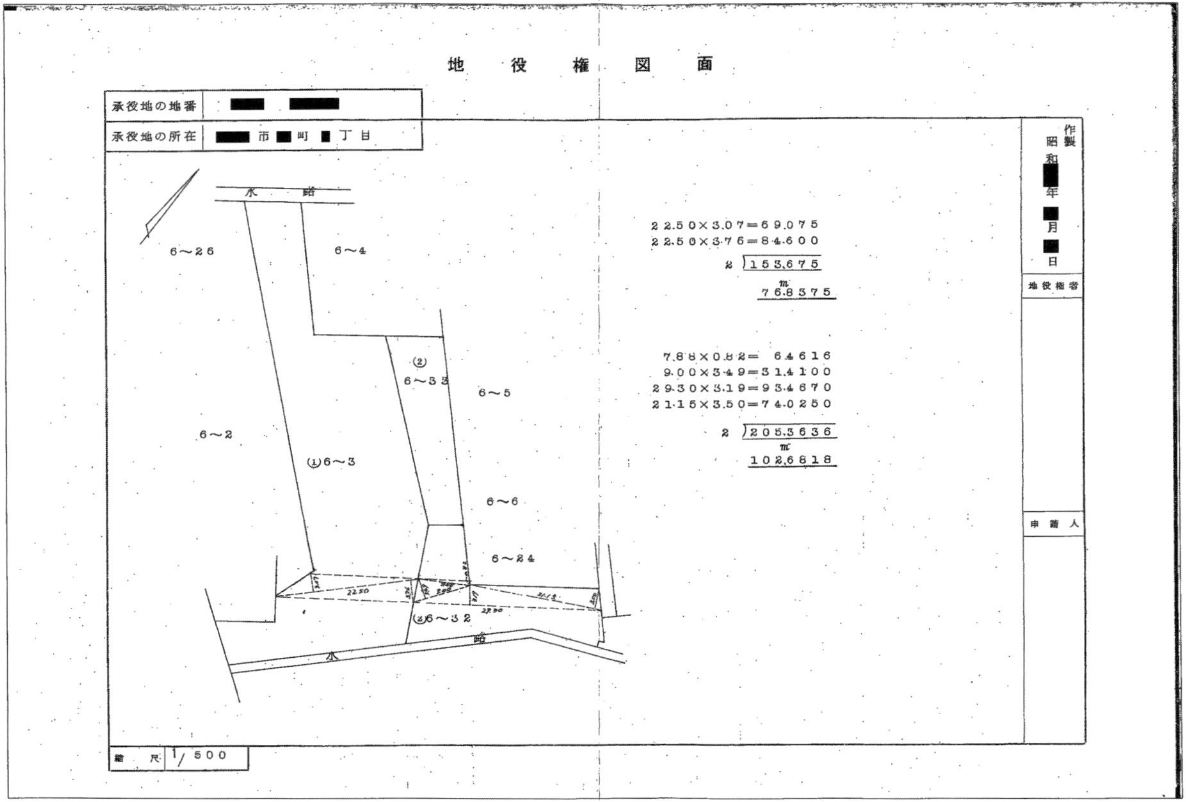
地役権図面

承役地の地番	[redacted] [redacted]
承役地の所在	[redacted]市[redacted]町[redacted]丁目

22.50×3.07＝69.075
22.50×3.76＝84.600
2)153.675
㎡ 76.8375

7.88×0.82＝ 6.4616
9.00×3.49＝31.4100
29.30×3.19＝93.4670
21.15×3.50＝74.0250
2)205.3636
㎡ 102.6818

作製 昭和[redacted]年[redacted]月[redacted]日

地役権者

申請人

縮尺 1/500

〈名寄帳〉

令和[redacted]年度　土地・家屋名寄帳

個人番号・法人番号

[redacted]

[redacted]

[redacted] 様

（相続人代表者） [redacted] 様

義務者番号	
[redacted]	
枚数	1/　1

	町名・字名（地番／枝番／中番／小番／一筆／同一）	地目（登記／課税）	地積（登記（㎡）／課税（㎡））	前年度課税標準額（円）／固定資産税（上段）／都市計画税（下段）	市・調 課税区分	宅地用途（住宅率（%）／小規模率（%））	価格（円）	区分	固定資産税（上段）・都市計画税（下段） 課税標準額（円）	税相当額（円）	軽減事由	軽減相当額（円）	減免・猶予事由	減免・猶予相当額（円）	共用土地持分（分子／分母）	備考
土地	[redacted]	畑	165.00	1151452	調整	100.00			1151500	16121						
	[redacted]	宅地	165.00		課税	50.46	4620000									
				388546					388500							
			83.25				2331000	(1)								
				762906					763000							
			81.75				2289000	(2)								
	[redacted]	宅地	231.40	1614806	調整	100.00			1614853	22607						
	[redacted]	宅地	231.40		課税	50.46	6479200									
				544926					544880							
			116.76				3269280	(1)								
				1069880					1069973							
			114.64				3209920	(2)								
合計	土地　2件			2766258					2766353							
	2筆		396.40				11099200									

	物件番号（本番／物件・同一）	家屋の所在 町名・字名／補充	地番	枝番	中番	小番	市・調	種類／主体構造	屋根	建築年月／階層	課税床面積（㎡）	価格（円）	固定資産税（上段）・都市計画税（下段） 課税標準額（円）	税相当額（円）	軽減事由	軽減相当額（円）	減免事由	減免相当額（円）	備考
家屋	[redacted]	[redacted]	[redacted]	[redacted]			調	専用住宅（居宅）		昭和[redacted]年[redacted]月			446718	6254					
	[redacted]		[redacted]	[redacted]			整	軽量鉄骨造	金属板葺	2階	63.49	446718							
	[redacted]	[redacted]	[redacted]	[redacted]			調	専用住宅（居宅）		昭和[redacted]年[redacted]月			231103	3235					
	[redacted]		[redacted]	[redacted]			整	軽量鉄骨造	金属板葺	2階	26.96	231103							
	[redacted]	[redacted]	[redacted]	[redacted]			調	専用住宅（居宅）		平成[redacted]年[redacted]月			350489	4906					
	[redacted]		[redacted]	[redacted]			整	木造	金属板葺	2階	19.60	350489							
合計		家屋　1棟									110.05	1028310	1028310						

区分欄の（1）は小規模住宅用地、（2）は一般住宅用地、（3）は非住宅用地を意味しています。

〈固定資産税課税明細書〉

令和[redacted]年度固定資産税・都市計画税課税明細書

納人 住所・氏名（名称）
[redacted] （ 1/ 2）
[redacted] 様

お問合せ先
[redacted] 固定資産税課
〒 [redacted]
電話：[redacted]（代）

本年度課税された、1月1日現在あなたが所有している固定資産（土地・家屋）の明細をお知らせします。

なお、納税通知書（別送）の課税標準額及び税額は端数処理をしていますので、この明細書の合計と一致しない場合があります。

摘要欄に「共用土地」と印字されている場合は、マンション等の敷地が分割課税されている資産であることを表し、区分家屋欄に数字が印字されている場合は、マンション等の区分所有家屋が分割課税されている場合を表しています。

この場合の価格は、マンション等の敷地一筆全体、または家屋一棟全体の価格を印字していますが、課税標準額及び相当税額等は、持分割合等によりあん分した額を表示しています。

その他詳細については、納税通知書（別送）同封のチラシをご覧ください。

総土地筆数	10筆
総共用土地	0筆
総家屋個数	0個

ページ
1／ 2

納税通知書番号	[redacted]	CD	[redacted]

土地の所在	登記地目	登記地積 ㎡	価格 円	固定前年度課標等 円	都計前年度課標等 円	小規模地積 ㎡	負担水準（%）		固定小規模課標 円	都計小規模課標 円	小規模軽減額(都) 円	摘要
	現況地目	現況地積 ㎡	固定本則課税標準額 円	固定課税標準額 円	都計課税標準額 円	一般住宅地積 ㎡			固定一般住宅課標 円	都計一般住宅課標 円	減額税額(固・都) 円	
	非課税地目	非課税地積 ㎡	都計本則課税標準額 円	固定資産税(相当)額 円	都市計画税(相当)額 円	非住宅地積 ㎡	固定	都計	固定非住宅課標 円	都計非住宅課標 円	減免税額(固・都) 円	
[redacted]	宅地	211. 90	43, 651, 400	7, 098, 650	14, 197, 300	211. 90	97	97	7, 275, 233	14, 550, 466	21, 826	
	宅地	211. 90	7, 275, 233	7, 275, 233	14, 550, 466							都市計画税軽減
			14, 550, 466	101, 853	21, 825							小規模住宅用地
[redacted]	宅地	492. 18	110, 027, 330	22, 255, 097	38, 693, 649	452. 18	97	97	16, 847, 548	33, 695, 096	50, 543	
	宅地	492. 18	25, 789, 588	22, 664, 094	39, 511, 642						72	都税条例附則第15条の2減額
			42, 637, 136	300, 963	64, 490	40. 00	65	65	5, 816, 546	5, 816, 546	19, 763	非住宅用地減免
[redacted]	宅地	48. 42	8, 933, 490	5, 700, 000	5, 700, 000							
	宅地	48. 42		5, 700, 000	5, 700, 000							全部非住宅用地
				79, 800	17, 100	48. 42	63	63	5, 700, 000	5, 700, 000		
[redacted]	宅地	47. 87	8, 832, 010	5, 635, 253	5, 635, 253							
	宅地	47. 87		5, 635, 253	5, 635, 253							全部非住宅用地
				78, 893	16, 905	47. 87	63	63	5, 635, 253	5, 635, 253		
[redacted]	宅地	464. 72	85, 740, 840	54, 706, 836	54, 706, 836							
	宅地	464. 72		54, 706, 836	54, 706, 836							全部非住宅用地
				765, 895	164, 120	464. 72	63	63	54, 706, 836	54, 706, 836		
[redacted]	宅地	839. 64	199, 951, 860	59, 873, 660	98, 865, 467	400. 00	97	97	15, 876, 000	31, 752, 000	47, 628	
	宅地	839. 64	72, 365, 980	60, 860, 794	100, 839, 734	303. 64	97	97	24, 102, 940	48, 205, 880		非住宅用地減免
			112, 344, 920	793, 582	242, 362	136. 00	64	64	20, 881, 854	20, 881, 854	70, 998	都市計画税軽減

家屋の所在	区分家屋	家屋番号	種類・用途	構造	地上	登記床面積 ㎡	価格 円	固定課税標準額 円	固定資産税(相当)額 円	減額税額（固） 円	摘要
	物件番号		建築年次	屋根	地下	現況床面積 ㎡		都計課税標準額 円	都市計画税(相当)額 円	減免税額(固・都) 円	

税課税明細書に記載される課税地目や課税地積は、徴税のために市町村が調査した結果が反映されているため、登記情報のものとは必ずしも一致しません。

(3)　固定資産税評価証明書

固定資産税評価証明書は固定資産課税台帳に登録された評価額を証明する書面です。固定資産税評価額は固定資産評価基準に基づき評価され、3年ごとに改定が行われます。

〈固定資産税評価証明書〉

令和[redacted]年度　土地課税台帳登録事項証明書

（評価証明）

土地の所在・地番
[redacted]

[redacted]年度価格（円）	現況地目	課税地積（㎡）	区分コード 台	都	住	農	固定資産税相当額（円）	都市計画税相当額（円）	台帳登載日
22435504	雑種地	247		1			************	************	平成[redacted]年[redacted]月[redacted]日

[redacted]年度固定資産税課税標準額（円）	[redacted]年度固定資産税本則課税標準額（円）	前年度固定資産税（比準）課税標準額（円）	[redacted]年度都市計画税課税標準額（円）	[redacted]年度都市計画税本則課税標準額（円）	前年度都市計画税（比準）課税標準額（円）	＊＊年度修正率	＊＊年度修正率
15671745		15671745	15671745		15671745	*****	*****

所有者コード	納税義務者の氏名・名称
[redacted]	[redacted]

（備考）

台　（台帳区分コード）
1　登記簿上に登記されていない土地
2　地方税法第343条第6項の仮換地等・換地
3　地方税法第343条第6項の仮使用地・保留地
4　現に所有する者
5　登記地積と課税地積に差のある土地
6　「4」と「5」に該当する土地

都　（都市計画区分コード）
1　市街化区域
4　市街化調整区域
5　一部市街化調整区域
9　生産緑地等

住　（住宅区分コード）
1　小規模住宅用地
2　小規模住宅用地と一般住宅用地
3　小規模住宅用地と非住宅用地
4　小規模住宅用地と一般住宅用地と非住宅用地

農　（農地区分コード）
1　市街化区域農地

上記のとおり相違ないことを証明します。

令和[redacted]年[redacted]月[redacted]日　[redacted]市[redacted]区長

財産評価では、家屋（建物）については原則として固定資産税評価額がそのまま相続税評価額となり、倍率地域にある土地は固定資産税評価額を基に評価額を計算します。また、登記に必要となる登録免許税も、固定資産税評価額に所定の税率を乗じて算定されます。各課税時期の属する年度の評価額を使用することに注意が必要です。

(4)　都市計画図

都市計画図は各行政区域内の都市計画の内容を表した図面です。市街化区域・市街化調整区域の範囲、用途地域、容積率等、土地評価を行う上で重要な要素が多数含まれます。

都市計画図は都市計画課等の窓口のほか、インターネットで閲覧サービスを提供している自治体もあります。最終的には窓口でのヒアリングをお勧めしますが、役所に行く前の準備として概要を把握するのに役立ちます。

(5)　開発指導要綱等

開発指導要綱は宅地開発や建物建築等に対して適用される行政指導の内容をまとめたもので、地方公共団体ごとに定められています。開発許可を必要とする面積基準や開発行為に関する技術基準、道路や広場といった公共施設用地の設置基準等が規定されており、開発課、開発指導課、都市計画課等の窓口やインターネットで入手できます。

財産評価では、特に広大地評価を行うときの資料として活用されます（広大地評価は平成30年以後開始の相続より廃止されましたが、更正の請求を行う場合に適用される可能性があります）。広大地の判定をするためには開発行為に該当する面積基準や公共公益的施設用地の必要性を考慮する必要がありますが、これらは評価対象地が存する自治体ごとの開発指導要綱等を参照した上で判断しなければなりません。

(6)　開発登録簿

開発登録簿は開発許可（13ページ）を受けた土地について許可の概要を示した調書で、土地利用計画図が附属します。マンション敷地など、評価対象地が開発許

〈都市計画図〉

凡例				
	土地利用		建ぺい率(%)	容積率(%)
区域区分等	都市計画区域	—·—·—		
	市街化区域・市街化調整区域区分線	——		
地域地区	用途界	------		
	第一種低層住居専用地域		40（図示の区域）	60（図示の区域）
				80（図示の区域）
			50	80（図示の区域）
				100
			60（図示の区域）	100（図示の区域）
	第二種低層住居専用地域		50（図示の区域）	80（図示の区域）
				100（図示の区域）
			60	100（図示の区域）
				200
	第一種中高層住居専用地域		50（図示の区域）	200（図示の区域）
			60	150（図示の区域）
				200
	第二種中高層住居専用地域		50（図示の区域）	200
			60	
				150（図示の区域）
	第一種住居地域		60	200
	第二種住居地域		60	200
	準住居地域		60	200
	近隣商業地域		80	200
				300（図示の区域）
	商業地域		80	200（図示の区域）
				300（図示の区域）
				400
				500（図示の区域）
				600（図示の区域）
				700（図示の区域）
				800（図示の区域）
	準工業地域		60	200
				300（図示の区域）
	工業地域		60	200
	工業専用地域		60	200

（さいたま市ホームページより）

〈開発指導要綱〉

第４章　公共の用に供する空地に関する基準

(1) 開発区域内の道路計画（法第 33 条第１項第２号、政令第 25 条第１号）

開発区域内では、発生交通量、居住者の動線等を考慮し、主要な道路、区画道路等を適切に配置し、開発区域外の既存道路と一体となって道路の機能が発揮されるものとすること。また、道路の配置にあたっては、居住者の安全について配慮するとともに、居住環境を害することのないよう十分に検討を加えること。

（参考図：一戸建ての住宅・開発区域 0.3ha 以上）

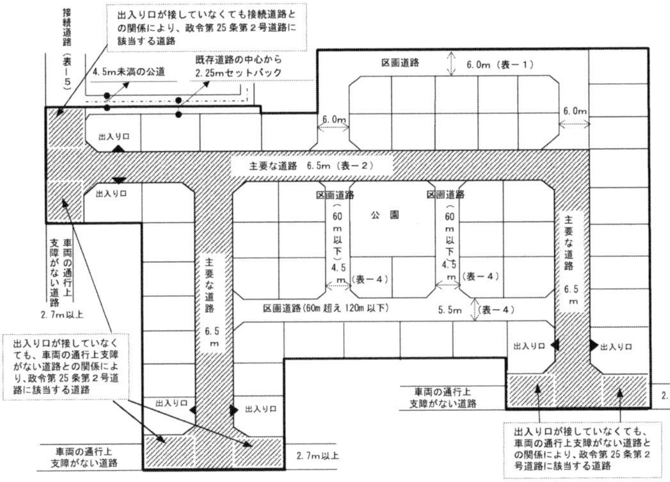

【解説】

「主要な道路」とは、開発区域の規模にかかわらず、開発区域内の道路の骨格となり、開発区域内の主要な道路が接続する開発区域外の既存道路から交通を区域に導入する道路をいいます。また、「区画道路」とは、主要な道路以外で開発区域内の区画構成の基本となる道路をいいます。

(2) 予定建築物又は特定工作物の敷地に接する道路の幅員（政令第 25 条第２号、省令第 20 条）

予定建築物又は特定工作物（以下「予定建築物等」という。）の用途、予定建築物等の敷地の規模に応じて、当該予定建築物等の敷地に接する道路の幅員の最低限度は、表—１に定めるとおりとすること。

表－１　予定建築物又は特定工作物の敷地に接する道路の幅員（政令第 25 条第２号、省令第 20 条）

予定建築物の用途 / 敷地の規模	一戸建ての住宅	一戸建ての住宅以外の住宅	住宅以外の用途
1,000 平方メートル未満	6.0 メートル	6.0 メートル	6.0 メートル
1,000 平方メートル以上	6.0 メートル	6.0 メートル	9.0 メートル

【解説】

1　予定建築物等の敷地の接する道路は、単体の建築物を想定した場合の道路を規定する建築基準法とは異なり、集団的な基盤施設としての道路の幅員が定められています（建築基準法第 43 条を上回る接道要件を課してい

（横浜市　開発指導要綱より）

〈開発登録等〉

第27号様式(第14条関係)

開発許可番号
[redacted]-[redacted]

開　発　登　録　簿　（調　書）

市町村名	[redacted]市	整理番号	-

当初許可

	開発許可年月日	面　積	予定建築物等の用途	区画数	戸　数	都市計画法第34条該当号
開発許可年月日等	平成[redacted]年[redacted]月[redacted]日	※工区数 707.49 ㎡	専用住宅	6	(住宅のみ) 6	—
開発区域の名称	[redacted]					
許可を受けた者 住所	[redacted]					
許可を受けた者 氏名	[redacted]					
工事施行者 住所	[redacted]					
工事施行者 氏名	[redacted]					

都市計画法による区域等	■ 市街化区域 ㎡	□ 市街化調整区域 ㎡	□ 区域 ㎡	準工業地域
	707.49	-	-	

地位承継

承継承認番号	承継承認年月日	承継人住所	承継人氏名
-	-	-	-

変更許可等

変更許可番号	変更許可等年月日	変更の内容
-	-	-

工事完了検査

工区番号	検査年月日	検査済証発行年月日	検査済証発行番号	完了公告年月日	面　積	概要(公共施設のみの場合はその内容)
-	平成[redacted]年[redacted]月[redacted]日	平成[redacted]年[redacted]月[redacted]日	[redacted]	平成[redacted]年[redacted]月[redacted]日	707.49	—

許可に付した条件	-
都市計画法第41条第1項の規定による制限	-
都市計画法第41条第2項ただし書若しくは第42条第1項ただし書による許可又は同条第2項の協議	-
予備欄	-

図面(土地利用計画図)　別添

これは、開発登録簿の原本の写しであることを証明します。
平成[redacted]年[redacted]月[redacted]日
[redacted]市長　[redacted]

〈土地利用計画図〉

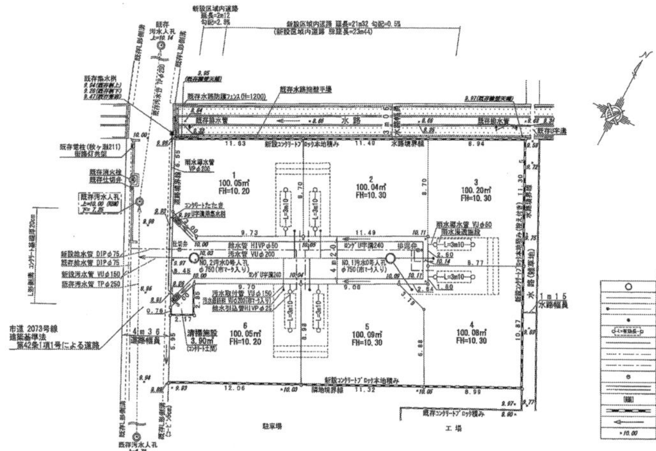

凡　例

○	汚水0号人孔φ750(市マーク入り)
——	汚水管　VUφ150・200
●——	汚水取付管　VUφ150
●	汚水最終桝VUφ200(市マーク入り)
○-L=有効長-○	雨水浸透施設
——	雨水導水管 VUφ50・VPφ200
----- - -----	給水管 DIPφ75・HIVPφ50
----- -- -----	給水引込管　HIVPφ25
⊖	仕切弁・排泥弁
═══	ロングU字溝　240
[集]	U字溝用集水桝
▬▬	コンクリートブロック
←——	流水方向
×10.00	レベル(特記なき場合、計画レベルについては、流水部分を示す)

土地利用区分

宅地面積	500.51㎡	84.88%
区域内道路	103.08㎡	14.57%
清掃施設	3.90㎡	0.55%
区域面積	707.49㎡	100.00%

※前面道路の埋設管(給水管・汚水管・ガス管・地下ケーブル等)については
　土被り不明確の為、設計図面と異なる場合があるので施行時に試掘を要す。
※車庫の位置・高さ・勾配及び給水・排水の取り出し位置については
　施工業者が事業主に工事着工前に確認をし、施工する事。
　又、車庫位置の高さについては、道路計画高に合わせて施工を行う。
※既存汚水桝（給水引込管）については位置不明確の為
　設計図面と異なる場合があるので施行時に再確認を要す。
※道路と宅地の高低差については法面処理とする。
※既存ブロックについては根入れが不明確の為、着工前に試掘を要す。
※車庫スペースに汚水桝、給水引込管、浸透施設等を
　設置する際には、設置高さに注意すること。
※車庫スペースの仕上がり高さは、前面道路側溝に対し適切に施工する事。
※給水計画の詳細については決定ではない為、指定工事業者による再協議を要す。

これは、開発登録簿の原本の写しであることを証明します。
平成[redacted]年[redacted]月[redacted]日
[redacted]市長　[redacted]

工事名	所在	図面名称
開発行為	[redacted]市[redacted]丁目[redacted]番[redacted]	土地利用計画図
縮尺 1/200 (A3)	測量日 平成[redacted]年[redacted]月[redacted]日 / 作成日 平成[redacted]年[redacted]月[redacted]日	
図面番号	承認印欄	

可を受けた土地である場合は、形状や道路付けを把握する上で土地利用計画図が役に立ちます。

また、評価対象地の所在する地域の開発状況から地域特性を把握することができるため、特に広大地評価の適用可否を判断するときの根拠資料として利用されます。すなわち、戸建分譲を目的とする開発が多数ある場合、広大地評価の要件の１つ「マンション適地でないこと」を根拠付けることができます。

(7)　建築計画概要書

建築計画概要書は建築確認申請（13ページ）の際に提出する書類で、敷地面積や建物の床面積・構造・階数といった建築計画の概略、完了検査の履歴等が記載されます。また、附属している建築物の配置図からセットバックのラインを確認したり、地積測量図の代わりとして図面上の距離計測に活用したりすることができる場合があります。

建築計画概要書を取得する際は建築確認の年月日や番号をあらかじめ調べておくと物件の特定がスムーズです。なお、役所によっては閲覧のみで写しが取得できないこともあります。また保存期間を過ぎたものは閲覧・取得できない可能性がありますので、事前に保存期間等を問い合わせておくと効率よく調査できます（役所により保存期間は異なります）。

(8)　道路台帳

道路台帳は道路管理者が作成する道路の基礎的事項を示した台帳で、道路台帳調書および道路台帳平面図、道路境界確定図等の図面からなります。国道であれば国道事務所、市道であれば市役所の道路課というように、国道・県道・市区町村道等の種別ごとに各々を管轄する道路管理者から取得します。なお、道路台帳が整備されているのは公道（道路法上の道路）であり、私道は原則として把握されていません。

図面からは道路区域の境界線や車道・歩道の幅員、側溝の寸法等を読み取ることができます。なお、道路台帳に記載される幅員は必ずしも評価対象地の現況幅員とは一致しません（管理者によっては現況幅員を把握していることもあります）。

〈建築計画概要書〉

（表面）

※受付欄	都	区役所・建築指導事務所 支庁・指定確認検査機関	※ 確認済証・番号	台帳番号
			平成　年　月　日	
			（確認） （計画通知） 第　号	号

建築計画概要書

（第一面）

建築主等の概要

【1.建築主】

【イ.氏名のフリガナ】[redacted]

【ロ.氏名】[redacted]

【ハ.郵便番号】〒[redacted]　【ニ.住所】[redacted]

【ホ.電話番号】[redacted]

【2.代理者】

【イ.資格】（一級）建築士　（建設大臣）登録第[redacted]号

【ロ.氏名】[redacted]

【ハ.建築士事務所名】（一級）建築士事務所（東京都）知事登録第[redacted]号

株式会社[redacted]一級建築士事務所

【ニ.郵便番号】〒[redacted]　【ホ.所在地】[redacted]市[redacted]町[redacted]

【ヘ.電話番号】[redacted]

【3.設計者】

【イ.資格】（一級）建築士　（建設大臣）登録第[redacted]号

【ロ.氏名】[redacted]

【ハ.建築士事務所名】（一級）建築士事務所（東京都）知事登録第[redacted]号

株式会社[redacted]一級建築士事務所

【ニ.郵便番号】〒[redacted]　【ホ.所在地】[redacted]市[redacted]町[redacted]

【ヘ.電話番号】[redacted]

【4.建築設備に関し意見を聴いた者】

【イ.氏名】

【ロ.勤務先】

【ハ.郵便番号】　【ニ.所在地】

【ホ.電話番号】

【5.工事監理者】

【イ.資格】（一級）建築士　（建設大臣）登録第[redacted]号

【ロ.氏名】[redacted]

【ハ.建築士事務所名】（一級）建築士事務所（東京都）知事登録第[redacted]号

株式会社[redacted]一級建築士事務所

【ニ.郵便番号】〒[redacted]　[redacted]市[redacted]町[redacted]

【ホ.電話番号】[redacted]

【6.工事施工者】

【イ.氏名】[redacted]

【ロ.営業所名】建設業の許可（建設大臣）第[redacted]号

株式会社[redacted]

【ハ.郵便番号】〒[redacted]　【ニ.所在地】[redacted]市[redacted]町[redacted]

【ホ.電話番号】[redacted]

【7.備考】　（仮称《カショウ》）[redacted]共同住宅A棟《キョウドウジュウタクエートウ》　邸新築工事《テイシンチクコウジ》

〈配置図〉

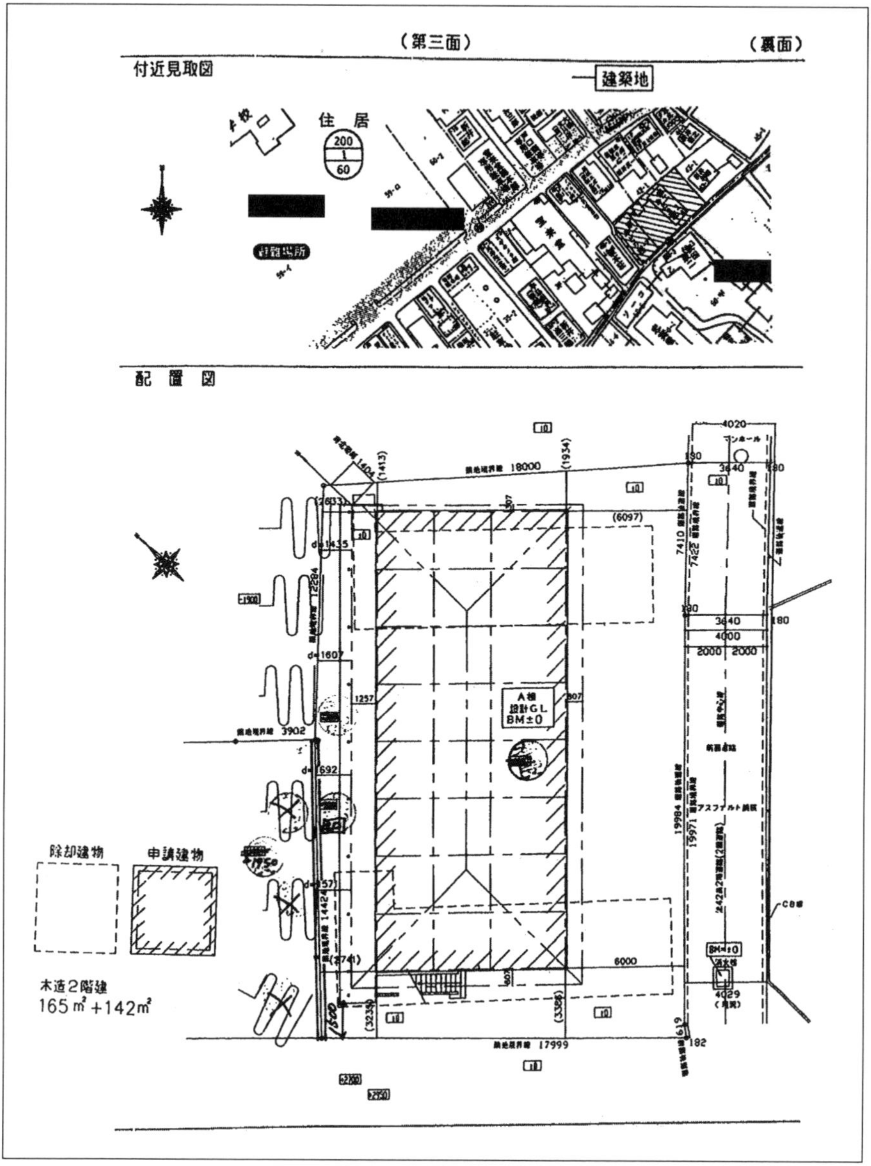
（第三面）
（裏面）
付近見取図
建築地
住 居
200
1
60
[redacted]
[redacted]
[redacted]
配 置 図
隣地境界線 18000
(1413)
(1934)
(6097)
4020
3640
3640
4000
2000 2000
A棟
設計GL
BM±0
隣地境界線 3902
d=1435
d=1607
d=1692
1257
907
6000
(3230)
(3388)
隣地境界線 17999
アスファルト舗装
BM=±0
4029
除却建物
申請建物
木造2階建
165㎡+142㎡

〈道路台帳平面図〉

[redacted]市道路台帳平面図

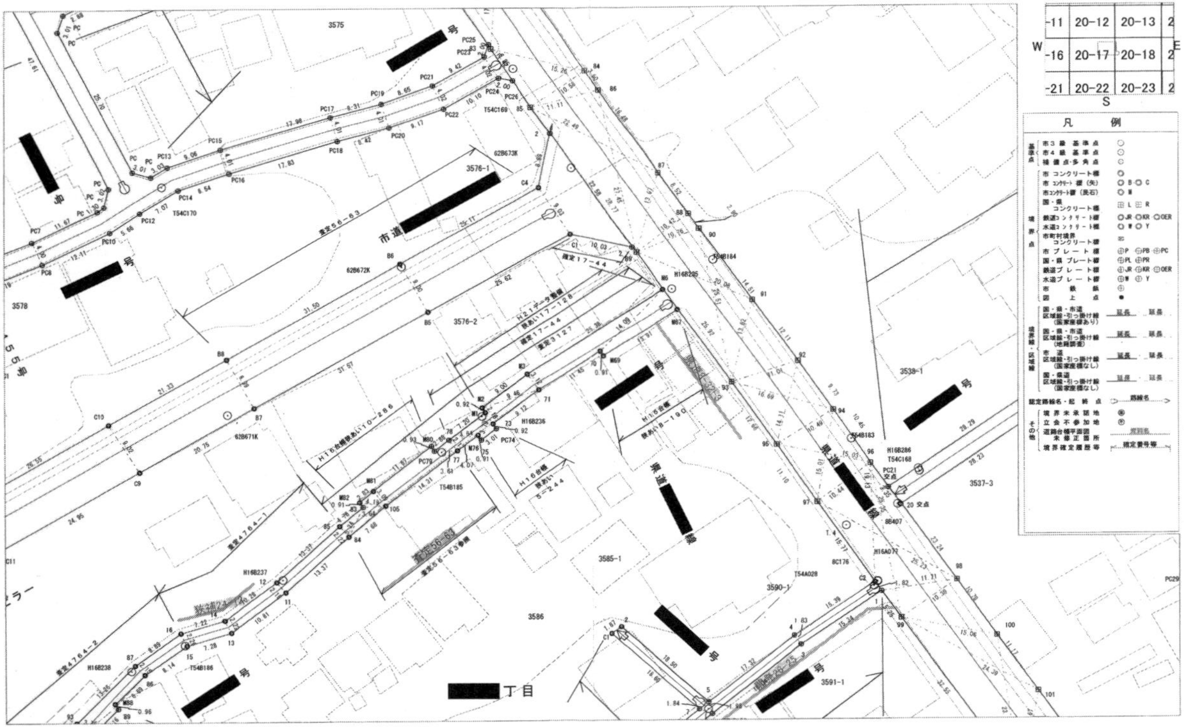

背景図（建物等）は、道路台帳平面図の閲覧の参考として表示しているものであり実際のものとは位置、形状及び大きさ等が相違する場合があります。

縮尺 1:500

0　10　20　30m

【中心付近座標】

X座標：[redacted]

Y座標：[redacted]

図面の中心付近は、中央土木事務所が管理しています。

(9) その他

その他、調査事項に応じて下記の図面が活用されます。

〈ハザードマップ〉

自然災害による被災想定区域や避難場所・避難経路の位置等を表した地図で、主に国土交通省や地方自治体によって作成されています。その地域の地形や地盤の特徴を知ることができるほか、開発行為や建築物の構造に規制のかかる土砂災害警戒区域等の情報を読み取ることができます。

財産評価では、がけ地を有する宅地や土砂災害特別警戒区域内にある宅地の評価において、対象地に占めるがけ地や土砂災害特別警戒区域（いわゆるレッドゾーン）の面積を算定する際に利用します。

〈遺跡（埋蔵文化財）地図〉

石器・土器等の遺物や貝塚・古墳等の遺跡が土中に埋まっている土地の分布状況等を示した図面で、評価対象地が埋蔵文化財包蔵地に該当している場合に活用されます。

3 その他

(1) 住宅地図

住宅地図は住居表示番号および居住者を家屋ごとに表した地図です。現地調査の事前資料として、評価対象地だけでなく周辺の状況を把握するのに役立ちます。また、役所調査で各種の資料を申請する際に評価対象地の所在地を指定するためにも使用します。

ゼンリン住宅地図はインターネットの有料サービスやコンビニ出力に対応しています。また、図書館（国会図書館であれば全国の地図を閲覧可能）で閲覧することもできます。

(2) ブルーマップ

ブルーマップは住宅地図に公図や都市計画情報を重ね合わせて地番を調べられるようにした地図で、青字で公図界や地番等が記載されていることからブルーマップと呼ばれます。冊子版のほかオンラインでもサービスが提供されており、法務局にも管轄地域のブルーマップが備え付けられています。住宅地図同様に図書館で閲覧

〈住宅地図〉

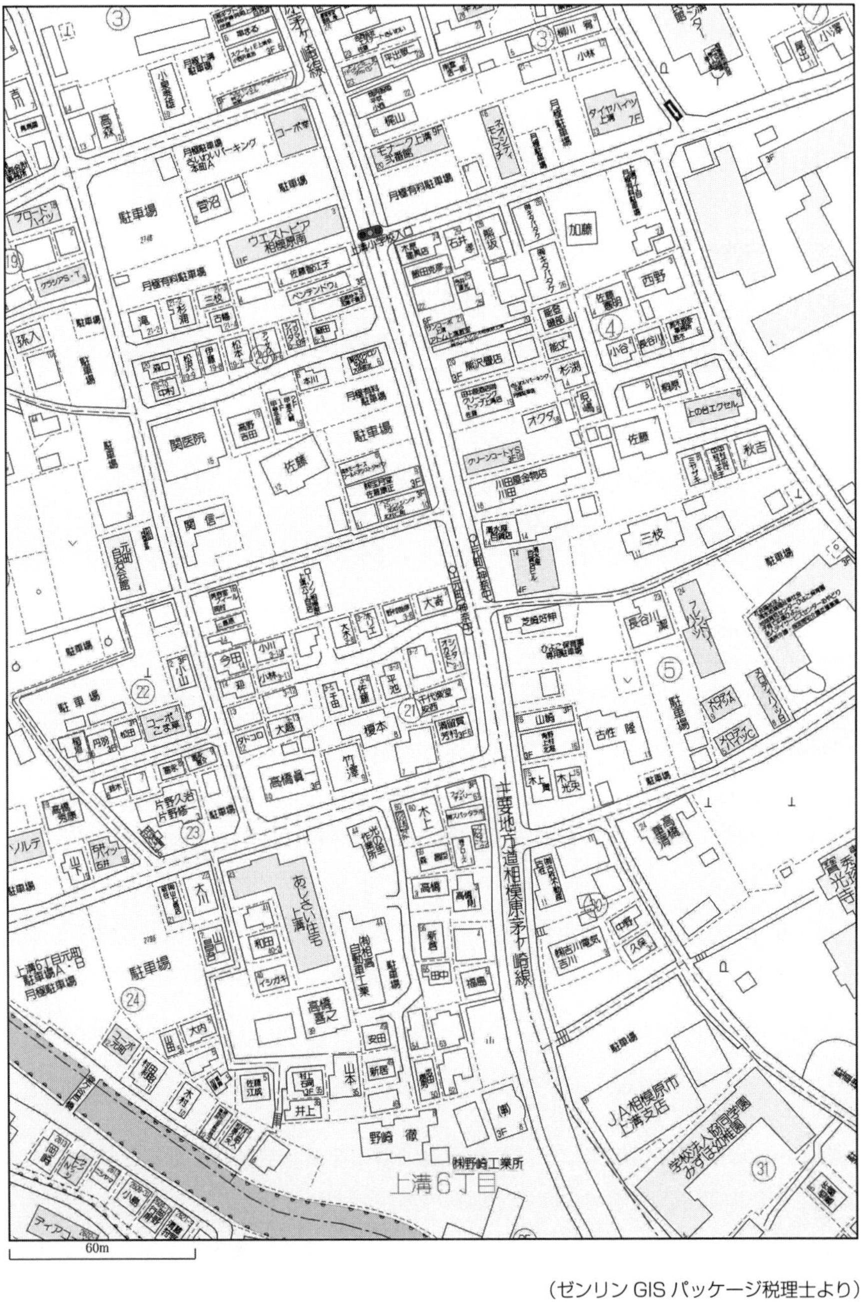

（ゼンリン GIS パッケージ税理士より）

〈ブルーマップ〉

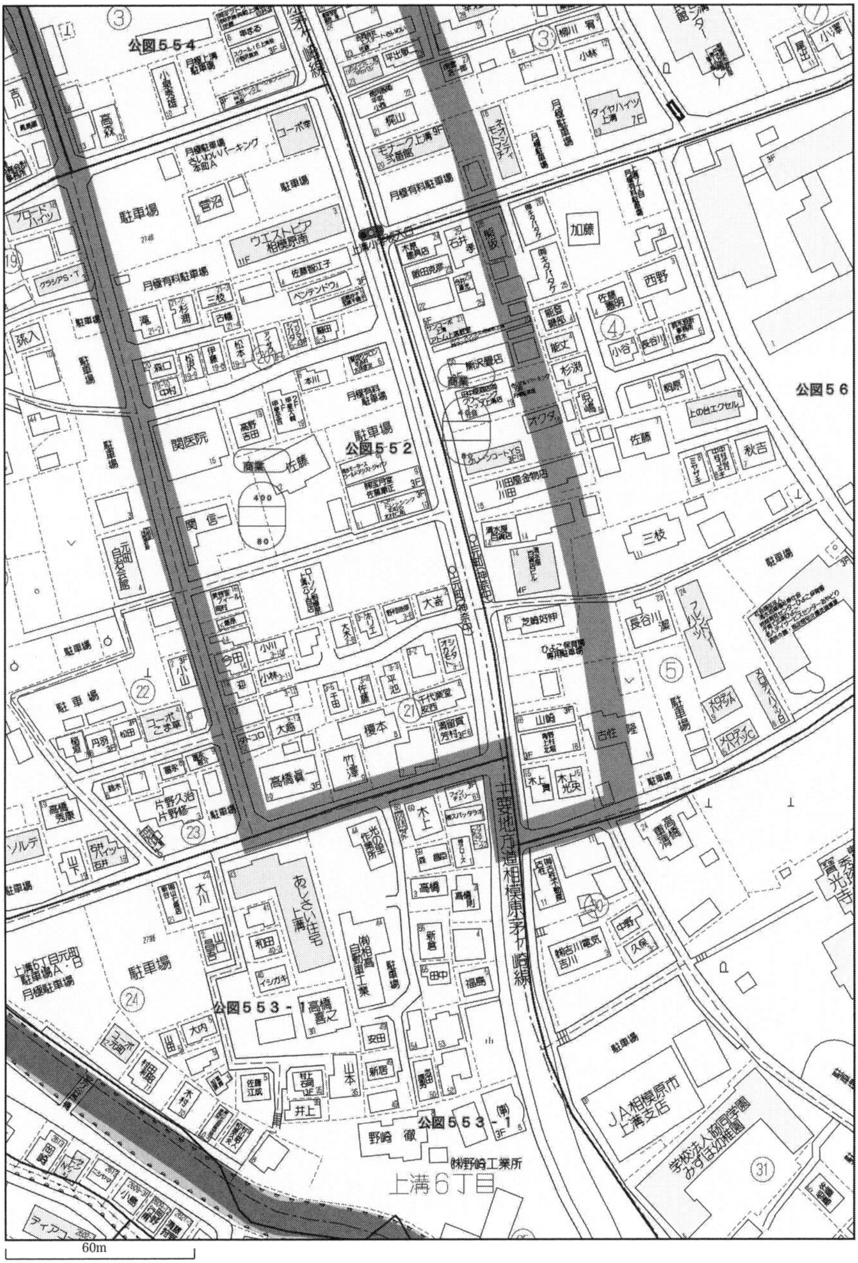

（ゼンリン GIS パッケージ税理士より）

することもできます。

地番の照会はもちろん、用途地域や容積率、建ぺい率等も合わせて確認することができる、不動産調査には欠かせない地図です。

(3) 路線価図

路線価図は相続税・贈与税の財産評価において市街地に所在する土地を評価するときに用いる路線価を示した図面で、毎年7月初旬に国税庁ホームページで公表されます。路線価は路線（道路）に面する標準的な宅地の1 m^2 当たりの価額を示し、千円単位で表示されます。路線価図には路線価のほか、地区区分および借地権割合が記載されます。

財産評価は相続・贈与のあった年の路線価を用いて行うため、例えば1月に相続が開始した場合の財産評価は、その年の路線価が発表されるのを待つ必要があります。とはいえ、発表を待っていては遺産分割協議等に支障をきたしますので、前年の路線価を用いて評価額を概算することもあります。

(4) 評価倍率表

路線価が定められていない地域の土地は、固定資産税評価額に国税庁が定める評価倍率を乗じて評価を行います（9ページ）。評価倍率表は路線価図とともに国税庁ホームページに掲示されます。

評価倍率は土地の所在する場所や用途等に応じて定められ、農地・山林・原野はその分類（農地であれば純農地・中間農地・市街地周辺農地・市街地農地）に応じた倍率が記載されます。また借地権割合も評価倍率表に表示されます。

(5) 調整率表

画地補正率とは、路線価を基として土地評価額を求める場合に、その土地の奥行や間口、形状、道路付け、利用上の法的制限等に応じた補正を行うために定められた率です。画地補正率は地区区分ごとに定められ、調整率表で確認できます。

通達の改正に伴い、平成30年分以降は一部が改定されています。補正率は相続開始時点のものを用いることに注意してください。

〈路線価図〉

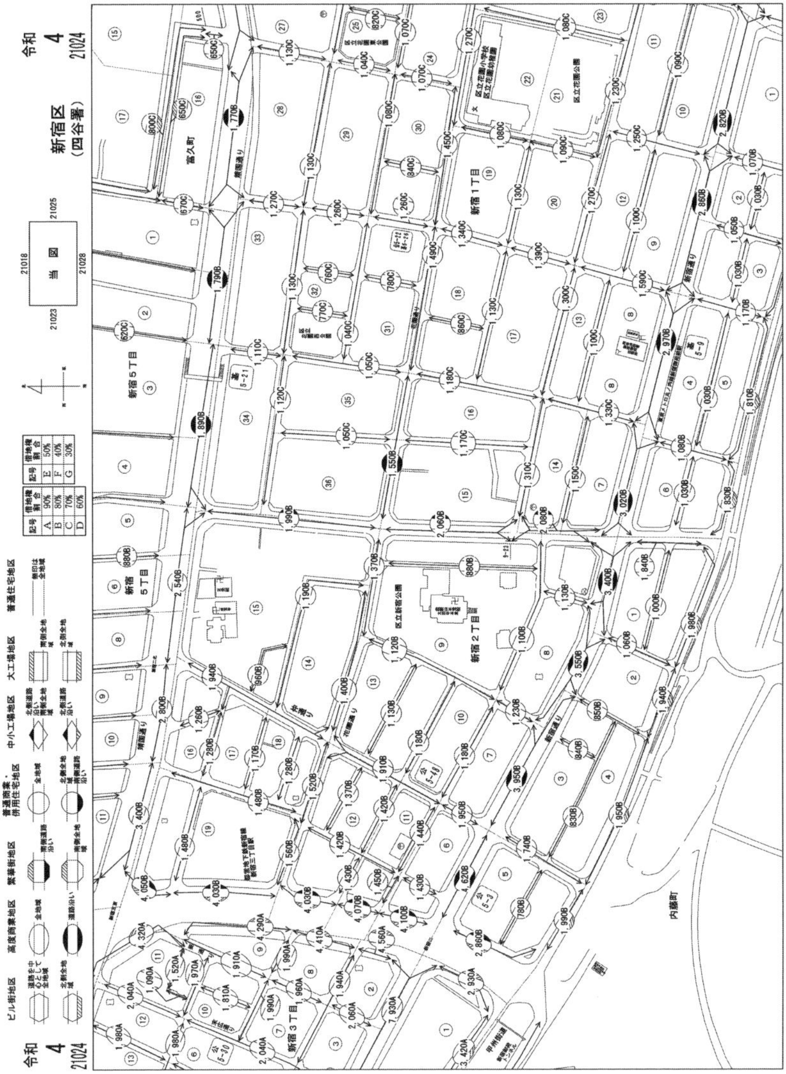

(国税庁ホームページより)

〈評価倍率表〉

令和 4年分　　　　倍　率　表　　　　1頁

市区町村名：熊谷市　　　　熊谷税務署

音順	町（丁目）又は大字名	適用地域名	借地権割合	固定資産税評価額に乗ずる倍率等						
				宅地	田	畑	山林	原野	牧場	池沼
			%	倍	倍	倍	倍	倍	倍	倍
あ	相上	市街化調整区域								
		1　農業振興地域内の農用地区域			純 2.9	純 4.9				
		2　上記以外の地域	30	1.1	中 4.3	中 6.6	—	中 27		
	赤城町１～３丁目	全域	—	路線	比準	比準	比準	比準		
	曙町１～５丁目	全域	—	路線	比準	比準	比準	比準		
い	飯塚	市街化調整区域								
		1　農業振興地域内の農用地区域			純 3.7	純 7.7				
		2　上記以外の地域	30	1.1	中 5.6	中 8.8	中 28	中 34		
	池上	市街化調整区域								
		1　農業振興地域内の農用地区域			純 4.3	純 7.5				
		2　上記以外の地域	30	1.1	中 6.1	中 9.4	中 16	中 7.8		
	石原	上石第一土地区画整理事業施行区域内		個別	個別	個別	個別	個別		
		市街化区域	—	路線	比準	比準	比準	比準		
		市街化調整区域								
		1　堤外地		—	中 1.4	中 2.5	中 3.0	中 1.6		
		2　上記以外の地域	30	1.1	中 6.3	中 11	中 19	中 10		
	石原１～３丁目	全域	—	路線	比準	比準	比準	比準		
	伊勢町	全域	—	路線	比準	比準	比準	比準		
	板井	市街化調整区域								
		1　農業振興地域内の農用地区域			純 3.7	純 5.8				
		2　上記以外の地域	30	1.1	中 4.8	中 8.6	中 20	中 20		
	市ノ坪	市街化調整区域								
		1　農業振興地域内の農用地区域			純 3.7	純 7.7				
		2　上記以外の地域	30	1.1	中 5.6	中 9.4	中 24	中 34		
	今井	市街化調整区域								
		1　農業振興地域内の農用地区域			純 3.6	純 7.3				
		2　上記以外の地域	30	1.1	中 5.7	中 9.3	中 16	中 6.3		
え	江波	市街化調整区域								

（国税庁ホームページより）

〈調整率表〉

土地及び土地の上に存する権利の評価についての調整率表（平成31年1月分以降用）

① 奥行価格補正率表

奥行距離m ＼ 地区区分	ビル街	高度商業	繁華街	普通商業・併用住宅	普通住宅	中小工場	大工場
4未満	0.80	0.90	0.90	0.90	0.90	0.85	0.85
4以上 6未満		0.92	0.92	0.92	0.92	0.90	0.90
6 〃 8 〃	0.84	0.94	0.95	0.95	0.95	0.93	0.93
8 〃 10 〃	0.88	0.96	0.97	0.97	0.97	0.95	0.95
10 〃 12 〃	0.90	0.98	0.99	0.99	1.00	0.96	0.96
12 〃 14 〃	0.91	0.99	1.00	1.00		0.97	0.97
14 〃 16 〃	0.92	1.00				0.98	0.98
16 〃 20 〃	0.93					0.99	0.99
20 〃 24 〃	0.94					1.00	1.00
24 〃 28 〃	0.95				0.97		
28 〃 32 〃	0.96		0.98		0.95		
32 〃 36 〃	0.97		0.96	0.97	0.93		
36 〃 40 〃	0.98		0.94	0.95	0.92		
40 〃 44 〃	0.99		0.92	0.93	0.91		
44 〃 48 〃	1.00		0.90	0.91	0.90		
48 〃 52 〃		0.99	0.88	0.89	0.89		
52 〃 56 〃		0.98	0.87	0.88	0.88		
56 〃 60 〃		0.97	0.86	0.87	0.87		
60 〃 64 〃		0.96	0.85	0.86	0.86	0.99	
64 〃 68 〃		0.95	0.84	0.85	0.85	0.98	
68 〃 72 〃		0.94	0.83	0.84	0.84	0.97	
72 〃 76 〃		0.93	0.82	0.83	0.83	0.96	
76 〃 80 〃		0.92	0.81	0.82			
80 〃 84 〃		0.90	0.80	0.81	0.82	0.93	
84 〃 88 〃		0.88		0.80			
88 〃 92 〃		0.86			0.81	0.90	
92 〃 96 〃	0.99	0.84					
96 〃 100 〃	0.97	0.82					
100 〃	0.95	0.80			0.80		

② 側方路線影響加算率表

地区区分	加算率	
	角地の場合	準角地の場合
ビル街	0.07	0.03
高度商業、繁華街	0.10	0.05
普通商業・併用住宅	0.08	0.04
普通住宅、中小工場	0.03	0.02
大工場	0.02	0.01

③ 二方路線影響加算率表

地区区分	加算率
ビル街	0.03
高度商業、繁華街	0.07
普通商業・併用住宅	0.05
普通住宅、中小工場	0.02
大工場	0.02

④ 不整形地補正率を算定する際の地積区分表

地区区分 ＼ 地積区分	A	B	C
高度商業	1,000㎡未満	1,000㎡以上 1,500㎡未満	1,500㎡以上
繁華街	450㎡未満	450㎡以上 700㎡未満	700㎡以上
普通商業・併用住宅	650㎡未満	650㎡以上 1,000㎡未満	1,000㎡以上
普通住宅	500㎡未満	500㎡以上 750㎡未満	750㎡以上
中小工場	3,500㎡未満	3,500㎡以上 5,000㎡未満	5,000㎡以上

⑤ 不整形地補正率表

かげ地割合 ＼ 地積区分 ＼ 地区区分	高度商業、繁華街、普通商業・併用住宅、中小工場			普通住宅		
	A	B	C	A	B	C
10%以上	0.99	0.99	1.00	0.98	0.99	0.99
15% 〃	0.98	0.99	0.99	0.96	0.98	0.99
20% 〃	0.97	0.98	0.99	0.94	0.97	0.98
25% 〃	0.96	0.98	0.99	0.92	0.95	0.97
30% 〃	0.94	0.97	0.98	0.90	0.93	0.96
35% 〃	0.92	0.95	0.98	0.88	0.91	0.94
40% 〃	0.90	0.93	0.97	0.85	0.88	0.92
45% 〃	0.87	0.91	0.95	0.82	0.85	0.90
50% 〃	0.84	0.89	0.93	0.79	0.82	0.87
55% 〃	0.80	0.87	0.90	0.75	0.78	0.83
60% 〃	0.76	0.84	0.86	0.70	0.73	0.78
65% 〃	0.70	0.75	0.80	0.60	0.65	0.70

⑥ 間口狭小補正率表

間口距離m ＼ 地区区分	ビル街	高度商業	繁華街	普通商業・併用住宅	普通住宅	中小工場	大工場
4未満	—	0.85	0.90	0.90	0.90	0.80	0.80
4以上6未満	—	0.94	1.00	0.97	0.94	0.85	0.85
6 〃 8 〃	—	0.97		1.00	0.97	0.90	0.90
8 〃 10 〃	0.95	1.00			1.00	0.95	0.95
10 〃 16 〃	0.97					1.00	0.97
16 〃 22 〃	0.98						0.98
22 〃 28 〃	0.99						0.99
28 〃	1.00						1.00

⑦ 奥行長大補正率表

奥行距離/間口距離 ＼ 地区区分	ビル街	高度商業	繁華街	普通商業・併用住宅	普通住宅	中小工場	大工場
2以上3未満	1.00	1.00			0.98	1.00	1.00
3 〃 4 〃		0.99			0.96	0.99	
4 〃 5 〃		0.98			0.94	0.98	
5 〃 6 〃		0.96			0.92	0.96	
6 〃 7 〃		0.94			0.90	0.94	
7 〃 8 〃		0.92				0.92	
8 〃		0.90				0.90	

⑧ 規模格差補正率を算定する際の表

イ　三大都市圏に所在する宅地

地積㎡ ＼ 記号 ＼ 地区区分	普通商業・併用住宅 普通住宅	
	Ⓑ	Ⓒ
500以上1,000未満	0.95	25
1,000 〃 3,000 〃	0.90	75
3,000 〃 5,000 〃	0.85	225
5,000 〃	0.80	475

ロ　三大都市圏以外の地域に所在する宅地

地積㎡ ＼ 記号 ＼ 地区区分	普通商業・併用住宅 普通住宅	
	Ⓑ	Ⓒ
1,000以上3,000未満	0.90	100
3,000 〃 5,000 〃	0.85	250
5,000 〃	0.80	500

⑨ がけ地補正率表

がけ地地積/総地積 ＼ がけ地の方位	南	東	西	北
0.10以上	0.96	0.95	0.94	0.93
0.20 〃	0.92	0.91	0.90	0.88
0.30 〃	0.88	0.87	0.86	0.83
0.40 〃	0.85	0.84	0.82	0.78
0.50 〃	0.82	0.81	0.78	0.73
0.60 〃	0.79	0.77	0.74	0.68
0.70 〃	0.76	0.74	0.70	0.63
0.80 〃	0.73	0.70	0.66	0.58
0.90 〃	0.70	0.65	0.60	0.53

⑩ 特別警戒区域補正率表

特別警戒区域の地積/総地積	補正率
0.10以上	0.90
0.40 〃	0.80
0.70 〃	0.70

（資4－85－A4統一）

（国税庁ホームページより）

第 2 章

土地評価の流れ

1 事前準備

1 資料収集

現地調査・役所調査に先立って、評価に関する各種資料を収集します。

はじめに、評価対象となる不動産を漏れなく把握するために名寄帳等を取得します。固定資産税課税明細書にも所有不動産の一覧が記載されていますが、固定資産税が非課税となる通り抜け私道や免税点以下の不動産等は記載されないことがありますので、名寄帳が最適です。

名寄帳は相続人等から入手するか、委任状を持参して資産税課等の窓口で取得します。共有名義の不動産がある場合、単独名義の不動産とは名寄帳が別個になっており指定しなければ提示されない可能性があるため注意してください。特に共有になっている私道等は見落としがちです。

共有不動産の持分割合は登記事項証明書等で確認します。登記情報はインターネットの登記情報提供サービスで閲覧することができますが、プリントアウトしたものには登記官印等が付されないため、法務局で取得する登記事項証明書と異なり法的な証明力はありません。不動産調査の上では支障ありませんが、用途によっては注意が必要です。

調査すべき不動産をリストアップできたら、各種の資料や図面を揃えファイリングします。評価対象地が複数ある場合、回る順番等を考慮してあらかじめ広域な地図上に対象地や役所の場所をプロットし、位置関係を把握しておくと効率的に調査することができます。

〈ファイリングしておくと便利な資料〉

・ 名寄帳、固定資産税課税明細書

・ 登記事項証明書（土地・建物）

・ 公図

- 住宅地図
- 広域地図（複数の評価対象地の位置関係を把握）
- 路線価図、倍率表
- 地積測量図
- 建物図面
- Google マップ等の航空写真
- 役所の窓口一覧　等

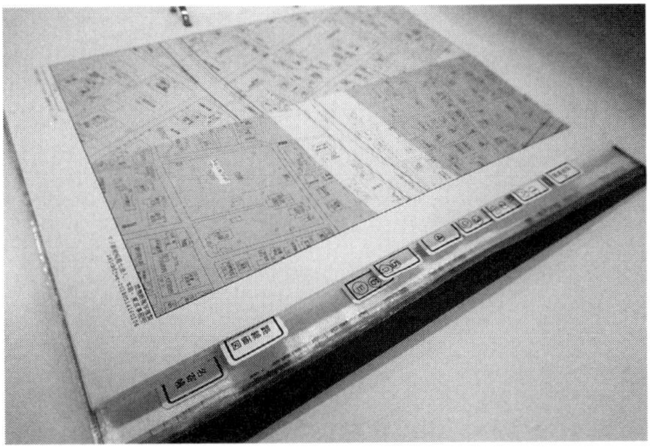

次に、評価対象地の地番からより詳細に所在地を特定するために、住宅地図に印を付けておきます。この時点で間違えると適正な評価も意味をなさなくなるので、公図やブルーマップと照らし合わせ、特定しづらい場合は相続人等に確認を取るなどして慎重に行います。特に、区画街路が整備された（いわゆる碁盤の目のような）特徴に乏しい地域は、大きな交差点、三叉路、カーブ等の特徴のある道路や、学校、公園、病院等の目標物を参考に注意して確認します。

同様に、公図や路線価図等にも所在地の落とし込みをしておきます。評価対象地が複数ある場合は、各資料に共通して記入する連番（数字やアルファベット）を決めておくとわかりやすくなります。

土地数や資料が多い場合は分類しインデックスを付けますが、不動産ごとに分類するのか、資料の種類ごとに分類するのかは各自のやりやすい方法でかまいません。要は、現地で疑問が生じたときや役所で質問を受けたときに、その場で答えが得られるよう情報を整理しておくことが大切です。例えば、現地調査で「この建物の名義は誰だったか？」「図面上の道路幅員は４ｍあるのか？」といった疑問が生じることはよくあります。同様に、役所調査で職員から「登記地目は何ですか？」「建物の築年は？」「測量図は持っていますか？」等と聞かれることもよくあります。そのときに、情報や図面がなければ話が進まず、もう一度来なければならない事態になりかねません。

以上の通り、最低限必要な資料は揃えておかなければなりませんが、持参しなくても影響の少ない資料もあります。例えば、不動産の賃貸借契約書はボリュームがありますが、調査では契約の当事者が誰であるかを把握していれば十分です。同様に、被相続人や相続人の戸籍謄本は不動産調査では特段必要ありません。強いていうなら、関係者の氏名を押さえておくと現地調査の際に建物が親族の所有なのか第三者の所有なのかといったことが判断しやすく、評価単位の判定に役立つことがありますので、簡単な相続人関係を把握しておくとよいでしょう。その他、登記事項証明書も土地数や所有権の移転が多い場合はかさばるため、必要最小限のものだけでかまいません。

これらは別冊にして持参することもありますが、戸籍などは万一紛失した場合のリスクが高いため、最低限の情報をメモ書きしておく程度でよいかと思います。

2　机上調査

資料一式が揃ったら、それらを精査し現地や役所で調べる事項をリストアップします。調査漏れがあれば何度も現地や役所に出向くことになりますので（役所は直接でなければ回答を得られないことが多く、現地調査はなおさらです）、特に調査慣れしていない者が担当する場合は、この時点で経験者と十分に打ち合わせを行うべきです。

土地の減価要因等は机上調査の段階である程度推察できるものもあります。予備情報を得ておくことで、減価要因の見落としを防ぎ調査をスムーズに進めることができます。

〈机上調査の確認事項〉

資料	確認事項の例
住宅地図、Googleマップ、ストリートビュー等	評価単位、現況地目、庭内神祠・隅切部分等の非課税財産の有無、線路・墓地・高圧線といった評価に影響を与える周辺環境等
公図	接道状況、セットバックの必要性、赤道・青道の存在、地役権設定の有無等
相続人等からのヒアリング	相続開始時点の利用状況、都市計画施設の計画の有無等

すべての土地に共通の調査事項に加え、相続人へのヒアリング等からあらかじめ減価要因を把握している場合はその要因に応じた調査事項を整理しておきます。また、住宅地図等からがけ地や土壌汚染の可能性のある土地、埋蔵文化財包蔵地等に該当する可能性が推察できた場合は、それらの土地がどのような法規制を受けるかを確認し、時価に与える影響を検討する必要があります。役所調査ではそのための情報を収集し、裏付け資料を入手します。

〈現地調査の調査事項〉

	項目	調査内容
共通の調査事項	利用状況	土地の利用状況、建物の用途等
	地目	現況地目（登記地目・課税地目との照合）
	境界	隣地・道路との境界（境界標）、越境物の有無等
	間口距離、奥行距離土地の形状	間口距離・奥行距離を測定。登記地積や公図と差異がないかどうか
	接道状況	接道義務を満たしているかどうか（前面道路と原則2m以上接しているかどうか）
	道路幅員	接面道路の幅員を測定。セットバックの必要性（4m未満）、基準容積率の算定
	道路との高低差	道路と高低差がないかどうか。あれば高低差を測定。周辺の土地の接道状況（評価対象地と同様の状況かどうか）を確認
	段差、傾斜（崖）	土地内に凹凸や傾斜がないかどうか。あれば高低差や傾斜度、傾斜方位、範囲等を確認
	非課税財産	庭内神祠、セットバック済の部分、隅切り部分、公共の用に供している部分等がないかどうか。範囲や利用状況を確認
	周辺環境	高圧線、埋蔵文化財包蔵地（古墳や遺跡等）、忌み地（墓地等）、土壌汚染（工場等）、震動・騒音（線路等）等がないかどうか

雑種地・市街地農地等	宅地造成費	地面の凹凸、雑草や樹木の状態、地盤改良の必要性、道路との高低差等
	生産緑地	生産緑地の看板がないかどうか

〈役所調査の調査事項〉

	代表的な担当課	調査内容
共通の調査事項	資産税課	名寄帳等の取得
		公図（課税業務上、資産税課で整備している可能性あり）
		近傍宅地等の価格
		固定資産税評価の内容
	道路課 ※国道・県道等の別により管理者が異なる	道路法上の道路（公道）かどうかの確認、道路法上の道路種別
		道路幅員（道路台帳の取得）
	都市計画課	区域区分(都市計画区域、市街化区域／市街化調整区域等の範囲)
		用途地域
		容積率、建ぺい率
		都市計画施設の計画の有無
		上記以外の都市計画上の規制等
	建築指導課	建築基準法上の道路かどうかの確認、建築基準法上の道路種別、セットバックの必要性（道路中心線、セットバック済かどうかの確認）
		建築計画概要書の取得
		市街化調整区域に係る建築規制等
		がけ条例・宅地造成等規制法等との関係
		図面等の取得
減価要因に応じた調査事項	開発指導課	開発指導要綱の取得
		開発登録簿の取得
		市街化調整区域で可能な開発の内容等
	区画整理課、土地区画整理組合 ※施行者により異なる	土地区画整理事業の進捗状況
		仮換地位置図、仮換地明細図等の取得
	環境課	土壌汚染の有無
		土壌汚染対策法・下水道法・その他条例との関係
	文化財課	周知の埋蔵文化財包蔵地所在地図
		過去の試掘・本掘履歴

2 現地調査

1 現地調査の進め方

現地では、前項でリストアップした事項について各種資料と照らし合わせながら調査を進めます。そもそもの評価対象地の場所を間違えないよう、地図や公図と照合しながら場所を特定してください。間口距離等の測定結果は持参した地図上に記録し、必要に応じてメジャーの目盛りを写真に収めます。このとき、現地で判明したことは赤ペン、役所で判明したことは青ペンで記録するなど筆記具を使い分けると便利です。

机上調査で知ることのできない減価要因を発見することも現地調査の目的です。評価対象地やその周辺に、忌み地など時価に影響を与える要因がないかどうか、多面的な視点で観察してください。道路や境界標等を調べるために視線が下に向きがちですが、高圧線や隣地建物の越境等、上空に減価要因が存在することもあります。

また、なるべく多くの写真を撮影しておきます。評価の根拠資料として添付する目的もありますが、何より後で見返して確認・検討するのに役立ちます。評価対象地は正面だけでなく複数の角度から撮影し、接道状況等が分かるよう遠景も記録しておきます。その他、周辺の土地の利用状況や、評価対象地の時価に影響を与えそうな周辺環境もカメラに収めます。1か所につき複数枚撮影しておくとよいでしょう。

経験の浅いうちは特に、測量作業に追われて写真撮影を疎かにしがちですが、慣れないうちだからこそ、写真による記録が調査後の検討段階で生きてきます。例えば、住居敷地の横に未利用地があったとして、評価単位（住居敷地と一体評価するのか別個に評価するのか）が問題になったとします。調査担当者は「住居の庭のようでもあり、駐車場のようでもあった」と言います。このようなとき、いろいろな角度から撮影した写真があれば、後から複数人で検討を加えることが可能です。

誰でも最初からすべての減価要因に気付けるわけではありません。後で議論できるようにできるだけたくさん写真を撮っておきましょう。賃貸住宅などは特に居住者の目が気になるものですので、事前に所有者（相続人等）に調査予定を知らせ、場合によっては立ち会いを依頼するのもよいと思います。

2　簡易測量

登記されている地積や公図上の土地の形状は現況と一致しないことがあります。また、一団の土地に複数棟の建物が建っている場合などは、評価単位を適正に区分し、それぞれの地積を求めなければなりません。

地積や評価単位を正確に把握するには測量士や土地家屋調査士に測量を依頼するのが理想ですが、費用対効果の観点から常に専門家に発注するのは現実的ではありません。そこで、現地調査時に簡易的な測量を行い、縄延び・縄縮みの程度や利用区分図作成の必要性に応じて正確な測量の実施を検討します。

(1)　簡易測量に用いる道具

土地や道路の規模や測定対象により、各種のメジャーを使い分けます。

〈道具の例〉

スチールメジャー

スチール製テープのメジャー。2～10mのものが一般的。測定時にテープをストッパーで固定できるものが多く、先端のツメを角などに引っ掛けることができるので1人での作業がしやすい。直立するので土地と道路との高低差の測定にも向く。

巻尺

テープ部分がガラス繊維など柔らかい素材でできたメジャー。20～50mのものが一般的。間口距離や広幅員の道路を測るのに用いる。2人いないと測量しづらいのが欠点。

ウォーキングメジャー（通称：コロコロ）

ローラー付きで歩きながら距離が測定できるメジャー。柄の部分が伸縮できるものが多い。凹凸の少ない舗装路の測量に向く。往来の多い道路でも手早く測定が可能。

レーザー距離計

レーザー光の反射により数センチから数十メートルまでの距離を測ることができる。レーザー光を当てるところがあれば測定できるため、奥行距離や手の届かないところを測るのに便利。

(2)　境界標（プレート）

境界標（プレート）は土地の境界を示す標識です。石杭、コンクリート杭、金属杭、プラスチック杭などの種類があり、現地の状況に合わせて設置されています。また、過去にセットバックが行われている場合は道路に中心点を表す鋲が打ってあることもあります。

間口距離や奥行距離、道路幅員等を測定するときはこれらの境界標を参考にします。境界標がなかったり、紛失・破損していたりして境界が明瞭でない場合は、門やブロック塀の位置、隣地の接道状況等から境界を推定します。地積測量図や境界確定図、建築計画概要書附属の配置図等との照合も行うとよいでしょう。

〈境界標の例〉

矢印が指している正方形の頂点に境界点があることを示します。

十字の中心に境界点があることを示します。

公道と民有地の境界を示します。

(3)　間口距離・奥行距離

間口狭小補正が入ると思われる場合や、２ｍに満たず接道義務を満たさないほどに間口が狭い場合は特に注意して測定します。奥行距離は建物が建っていると測れないこともありますが、レーザー距離計を用いて可能な限り測定します。隣地が更地や道路であれば、隣地側や道路を測って参考値とします。

また、メジャーが手元にない場合や物理的に敷地の奥まで入っていけないような場合は、道路の側溝やコンクリートブロック、フェンス等の枚数を数えて目算することも可能です。

地積測量図がない場合はこれらの測定結果により公図の正確性を判断します。また、おおむね整形の土地であれば間口距離と奥行距離からおおよその地積を把握することができるため、登記上の地積と比較し、縄延び・縄縮みの可能性を判断します。

〈ウォーキングメジャーでの測定〉

〈巻尺での測定〉

(4)　道路幅員

評価対象地が接する道路幅員を測定します。場所により幅員が異なることがあるため複数個所を測ります。

なお、歩道がある場合は原則として歩道も道路幅員に含みます（歩道状空地など、幅員に含めないものもあります）。U字溝やL字溝も道路に含まれるのが一般的ですが、自治体により異なることがあるため役所調査時に確認します。また、表面上は道路でも暗渠が存在すること等もあるため、現地の測量結果だけで判断せず、役所で道路認定されている範囲を確認し測量結果と照らし合わせます。

〈スチールメジャーでの測定〉

① 両側に歩道がある場合

全幅員＝A m＋B m＋C m

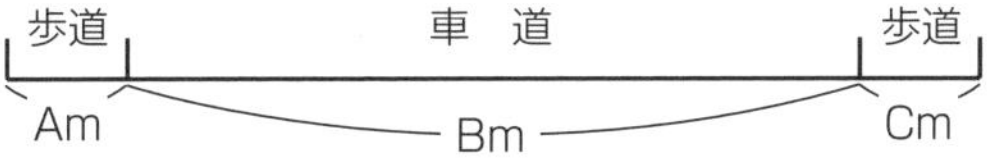

② 片側のみに歩道がある場合

全幅員＝A m＋B m

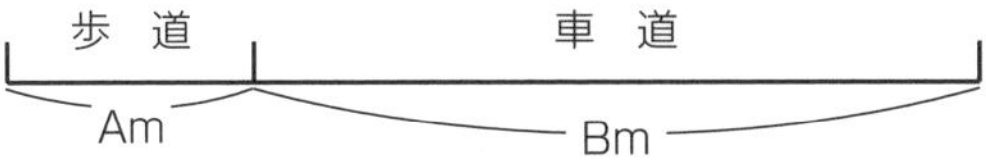

③ U 字溝がある場合

側溝の断面がU字状になっているものをU字溝といいます。U字溝の外側までを全幅員とするのが一般的です。

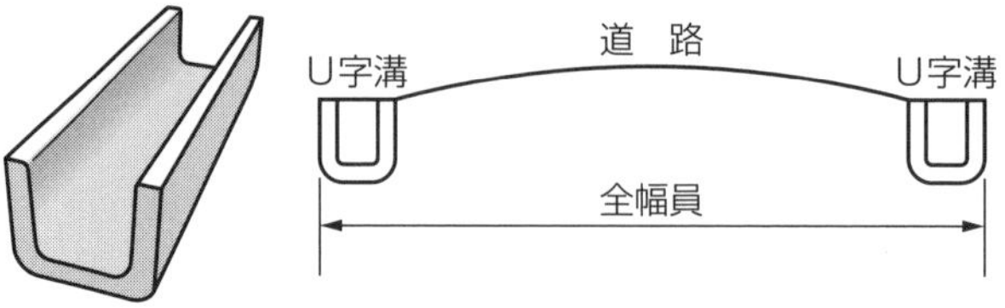

④　L 字溝がある場合

側溝の断面がＬ字状になっているものをＬ字溝といいます。Ｌ字溝の外側までを全幅員とするのが一般的です。

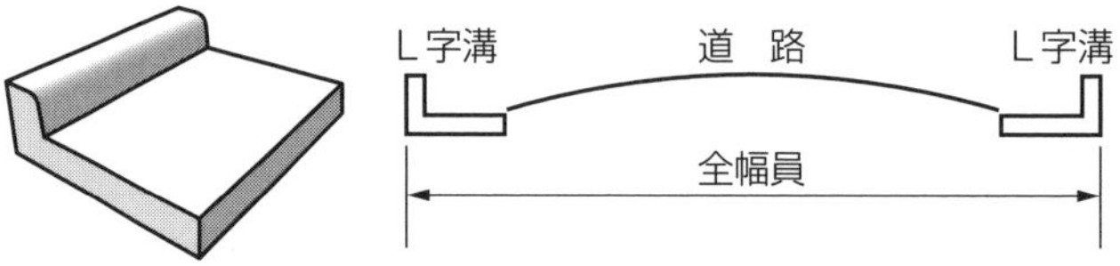

境界標がなく、道路と土地の境界の判断が付かないときは、現地の状況により境界を推定しながら測量をすることとなります。アスファルト舗装の切れ目やブロック塀（境界が塀の内側の場合と外側の場合とがあるため、塀の幅も測る）等、境界となり得る周辺物を参考に数パターン測定しておき、役所調査の結果をふまえて検証します。道路幅員を示す図面が手元にあるならば、図面上の幅員を現地に当ててめてみるとよいでしょう。

〈境界が不明瞭な土地〉

道路幅員が４ｍ未満の場合は、セットバックを必要とする可能性があるため、その後退距離も合わせて調べます（142ページ）。４ｍ以上ある場合でも、基準容積率（17ページ）の算定や都市計画道路の現況幅員の判断に用いることがあるため幅員を把握する必要があります。

また、道路幅員が極端に狭い場合や未舗装の場合は、たとえ路線価が設定されていたとしても建築基準法上の道路に該当しない可能性があります。このような道路に接道していても建築ができないため、無道路地として評価することとなりますので、役所調査で詳細を確認します。

〈幅員の狭い道〉

〈未舗装路〉

(5)　高低差、傾斜

土地と道路との間に高低差がある場合はその高低差を測定し、接道しているといえるかどうか、利用価値が著しく低下している宅地に該当するかどうか等を検討します。また、測定した高低差の数値は市街地農地等の宅地造成費（土盛費、土止費）の計算にも用います。地点により高低差の程度が異なるときは平均した数値が採用されるため、複数個所を測定します。

〈道路に比べて高い土地〉

〈道路に比べて低い土地〉

土地内に一定以上の傾斜がある場合は、がけ地補正や市街地山林等の宅地造成費に影響します。傾斜が広範囲に及ぶ場合や木が茂っている場合は現地では計測が困難なため、国土地理院の等高線図などを基に標高を測り、奥行距離と合わせて角度計算により傾斜度を計測するのが一般的です。しかし、例えば凸部の高さを周辺の建物と比較したり、凹部に人間が立ってみたり等、現地で高低差を目算できることもあります。

高低差や傾斜のある土地の調査は２人以上いると作業がしやすいでしょう。メジャーで測定した際は、後で資料として使用するため目盛りを写真に収めておきます。

〈傾斜のある土地〉

(6) 評価単位

一筆の土地に複数のアパートが建っている等、一団の土地に利用単位の異なる部分がある場合は、それらを合理的に区分して個別に評価する必要があります。貸家の敷地等の評価単位の区分は、建物図面や建築計画概要書附属の配置図等を参考に各棟の配置を把握し、測量図面等に落とし込んでいくのが一般的です。

現地では判断できないこともありますが、可能であれば、舗装の状態やフェンス等を参考に区分を分け、間口等を測定します。駐車場や駐輪場等、各棟の居住者が共有している部分については利用比率により按分しそれぞれの評価単位に含めて評価する方法もありますので、共有部分の有無等も確認します。

目印になるものがなく境界が判断できないときは、必要に応じ測量士や土地家屋調査士に利用区分図の作成や地積測量を依頼することもあります。

〈評価単位の境が不明瞭な土地〉

3 相続人等へのヒアリング

相続税の財産評価は相続開始時点の現況に基づき行います。したがって、土地の利用状況が相続開始時から変わっていないかどうかを相続人等に確認する必要があります。例えば、相続開始時は更地だったが現在は建物が建っているケース、相続開始時は農地だったが現在は地目が変わっているケース等が考えられます。

また、住居敷地は特に、居住者に聞かなければ利用状況を判断できないことが少なくありません。例えば、庭に作物を栽培している一角がある場合に、それが家庭菜園（宅地）なのか農地なのかは、作物を自家消費しているのか外部に出荷しているのかといったことをヒアリングした上で判断することとなります。同様に、屋敷林（宅地）と山林、敷地内通路（宅地）と私道なども、利用単位の判定にヒアリングが必要となる例です。

3 役所調査

1 役所調査の進め方

役所調査は専門用語が飛び交うため苦手意識を持つ人も多いものですが、土地評価でこの過程を省くことはできません。都市計画法や建築基準法の基礎知識は最低限身に着けておくことをお勧めしますが、職員の回答に不明点がある場合は遠慮せず聞き返しましょう。

また、例えば都市計画課で「用途地域を教えてください」と尋ねると、用途地域だけでなく容積率、建ぺい率、高度地区等々の都市計画情報を一遍に教えてくれることがほとんどです。調査漏れを防ぎ、必要な情報を取捨選択できるよう、調査票を作っておくとよいでしょう。容積率またがり等、地図上に直接書き込んだ方が分かりやすいものもあります。

どの担当課に行けばいいか分からない場合は総合案内所で尋ねます。調査事項によっては担当窓口が別棟や離れた場所に所在していることもあるため、事前にインターネット等で調べておくと効率的に回れます。道路課、都市計画課、建築指導課、開発指導課は混雑することが多く、また午後は職員が現場に出ていることもあるため、午前の早い時間がお勧めです。なお、役所によっては昼休憩時に窓口業務を閉鎖するところもあります。

特に遠方に出向く場合、調査の段取りは重要です。冬場は日が落ちるのが早く現地調査にかけられる時間が短くなりますので、役所の開庁・閉庁時間もふまえて時間配分を調整しましょう。

ところで、現地調査と役所調査のどちらを先に行くべきかという疑問もよく聞かれます。例外もありますが、先に現地調査を行う方が効率的なことが多いようです。現地では資料から読み取れない情報を得ることが多々ありますが、現地調査だけで明確な答えに行きつくことはほとんどなく、役所調査で情報を補完して初めて結論が出ることが多いからです。

個人情報の関係で委任状がなければ聴取できない事項もありますので、事前に電話等で確認し、必要に応じて相続人等の委任状を持参します。道路台帳や開発登録簿は誰でも閲覧することが可能ですが、名寄帳や区画整理事業等の個人情報に関する資料は委任状が求められることが多いようです。

〈役所での聴き取り調査〉

〈聴取結果の記入例〉

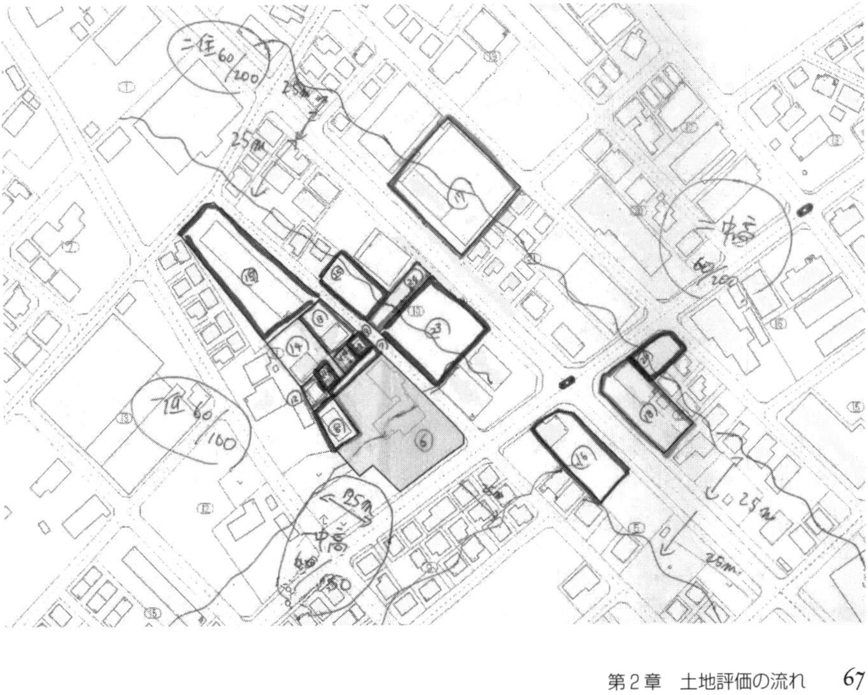

〈役所調査票の例〉

住所	住居表示:				
対象不動産概要	土地	地番		面積	
				合計 m²	
	建物	面積	m²（公簿） m²（壁芯）		
		構造	造 階建		

用途地域①	一低	二低	一中高	二中高	一住	二住	準住居	田園	近商	商業	準工	工業	工専	指定なし

指定建蔽率	% （緩和:有・無）	基準建蔽率	%
容積率	%	高度地区	
日影規制	h－ h （測定面: m）	防火地域	防火・準防火・22条指定・指定なし
最低敷地		外壁後退	

用途地域②	一低	二低	一中高	二中高	一住	二住	準住居	田園	近商	商業	準工	工業	工専	指定なし

指定建蔽率	% （緩和:有・無）	基準建蔽率	%
容積率	%	高度地区	
日影規制	h－ h （測定面: m）	防火地域	防火・準防火・22条指定・指定なし
最低敷地		外壁後退	

用途地域③	一低	二低	一中高	二中高	一住	二住	準住居	田園	近商	商業	準工	工業	工専	指定なし

指定建蔽率	% （緩和:有・無）	基準建蔽率	%
容積率	%	高度地区	
日影規制	h－ h （測定面: m）	防火地域	防火・準防火・22条指定・指定なし
最低敷地		外壁後退	
用途地域その他			

道路	側 m	公道私道		基準法上の扱い	
	側 m	公道私道		基準法上の扱い	
	側 m	公道私道		基準法上の扱い	
	側 m	公道私道		基準法上の扱い	

セットバック	要・不要 m	角地	有・無
建築確認	有・無 年 号		
完了検査	有・無 年 号		
建築計画概要書	有・無 （取得: 有・無）	記載事項証明	有・無 （取得: 有・無）
道路台帳	有・無 （取得: 有・無）		
計画道路	事業決定・計画決定・整備済・無 （計画幅員 m）		
道路建築関係その他			

土壌汚染	土壌汚染対策法−要措置区域	有・無	
	土壌汚染対策法−形質変更時届出区域	有・無	
	下水道法における特定施設	有・無	
	水質汚濁防止法に基づく工場・特定作業場	有・無	
	条例に基づく指定作業場	有・無	
土壌汚染その他			

電気	有・無	都市ガス	有・無
下水道	埋設管 有・無	下水道台帳	有・無
	本管・引き込み管	整備予定	有・無
下水道その他			
埋蔵文化財	周知の埋蔵文化財包蔵地指定 有・無		
埋蔵文化財その他			

その他の要因・備考	嫌悪施設	有・無		均衡・適合の状態	良・否		
	騒音	有・無		日照	良・否		
	交通量	有・無		その他減価要因			

〈窓口一覧〉

項目	調査事項・資料の名称	担当課の例
固定資産税	・固定資産税課税台帳 ・名寄帳 ・固定資産税評価証明書 ・公図 ・近傍宅地（農地・山林等）の1 m^2 当たりの単価	資産税課、固定資産税課、税務課、課税課、納税課、都税事務所等
道路	・道路台帳平面図 ・道路境界確定図 ・道路法上の道路種別 ・路線番号 ・認定（管理）幅員 ・官民境界査定（査定図）	道路課、道路管理課、管理課、土木管理課、道路維持課等
都市計画	・都市計画図 ・都市計画施設 ・都市計画証明 ・区域区分 ・用途地域 ・地区計画 ・容積率、建ぺい率	都市計画課、まちづくり政策課、建築調整課、建築課、計画課、都市政策課等
建築	・建築計画概要書 ・建築基準法上の道路種別 ・建築制限 ・容積率低減係数（基準容積率） ・位置指定道路図面	建築指導課、建築課、建築審査課、建築調整課、建築指導事務所、建築開発審査課、建築安全課、審査指導課等
開発	・開発指導要綱 ・開発登録簿 ・市街化調整区域における宅地開発の可能性・要件 ・分譲時の最低敷地面積	開発指導課、開発審査課、都市計画課、建築調整課、開発調整課、市街地整備課、都市整備課、住宅課、宅地審査課等
土地区画整理事業	・区画整理事業の進捗 ・仮換地指定通知 ・仮換地の使用収益開始日の通知 ・仮換地位置図、仮換地案内図（重ね図） ・仮換地明細図、仮換地指定図	区画整理課、都市計画課、管理課、まちづくり推進課、市街地整備課、土地区画整理事業組合等
土壌汚染	・土壌汚染の有無 ・土壌汚染対策法・下水道法・その他環境条例等との関係	環境課、環境保全課、環境推進課、環境対策課、環境改善課、土壌環境課等

埋蔵文化財	・周知の埋蔵文化財包蔵地所在地図 ・過去の試掘・本掘履歴	教育委員会、文化財課、文化課、生涯学習課、社会教育課等
農地（生産緑地）	・生産緑地指定 ・主たる従事者証明書	農業委員会、都市農業課、農地課、産業経済課、農地調整課、都市計画課等
宅地造成	・土砂災害警戒区域（イエローゾーン） ・土砂災害特別警戒区域（レッドゾーン）	都市計画課、開発指導課、まちづくり課、防災安全課等
上下水道（埋設管）	・上水道埋設管図 ・下水道埋設管図	水道局、上水道課、下水道課等

第3章

各減価要因における現地調査・役所調査のポイント

1　地積規模の大きな宅地の評価

1　財産評価基本通達

〈財産評価基本通達 20-2（地積規模の大きな宅地の評価）〉

地積規模の大きな宅地（三大都市圏においては 500 m² 以上の地積の宅地、それ以外の地域においては 1,000 m² 以上の地積の宅地をいい、次の（1）から（3）までのいずれかに該当するものを除く。以下本項において「地積規模の大きな宅地」という。）で 14-2（(地区)）の定めにより普通商業・併用住宅地区及び普通住宅地区として定められた地域に所在するものの価額は、15（(奥行価格補正)）から前項までの定めにより計算した価額に、その宅地の地積の規模に応じ、次の算式により求めた規模格差補正率を乗じて計算した価額によって評価する。

（1）　市街化調整区域（都市計画法第 34 条第 10 号又は第 11 号の規定に基づき宅地分譲に係る同法第 4 条（(定義)）第 12 項に規定する開発行為を行うことができる区域を除く。）に所在する宅地

（2）　都市計画法第 8 条（(地域地区)）第 1 項第 1 号に規定する工業専用地域に所在する宅地

（3）　容積率（建築基準法（昭和 25 年法律第 201 号）第 52 条（(容積率)）第 1 項に規定する建築物の延べ面積の敷地面積に対する割合をいう。）が 10 分の 40（東京都の特別区（地方自治法（昭和 22 年法律第 67 号）第 281 条（(特別区)）第 1 項に規定する特別区をいう。）においては 10 分の 30）以上の地域に所在する宅地

（算式）

$$規模格差補正率 = \frac{Ⓐ \times Ⓑ + Ⓒ}{地積規模の大きな宅地の地積(Ⓐ)} \times 0.8$$

上の算式中の「Ⓑ」及び「Ⓒ」は、地積規模の大きな宅地が所在する地域に

応じ、それぞれ次に掲げる表のとおりとする。

イ　三大都市圏に所在する宅地

地区区分 / 記号 / 地積 m^2	普通商業・併用住宅地区、普通住宅地区	
	Ⓑ	Ⓒ
500 以上　1,000 未満	0.95	25
1,000 以上　3,000 未満	0.90	75
3,000 以上　5,000 未満	0.85	225
5,000 以上	0.80	475

ロ　三大都市圏以外の地域に所在する宅地

地区区分 / 記号 / 地積 m^2	普通商業・併用住宅地区、普通住宅地区	
	Ⓑ	Ⓒ
1,000 以上　3,000 未満	0.90	100
3,000 以上　5,000 未満	0.85	250
5,000 以上	0.80	500

（注）1　上記算式により計算した規模格差補正率は、小数点以下第 2 位未満を切り捨てる。

2 「三大都市圏」とは、次の地域をいう。

イ　首都圏整備法（昭和 31 年法律第 83 号）第 2 条（(定義)）第 3 項に規定する既成市街地又は同条第 4 項に規定する近郊整備地帯

ロ　近畿圏整備法（昭和 38 年法律第 129 号）第 2 条（(定義)）第 3 項に規定する既成都市区域又は同条第 4 項に規定する近郊整備区域

ハ　中部圏開発整備法（昭和 41 年法律第 102 号）第 2 条（(定義)）第 3 項に規定する都市整備区域

2　評価の概要

平成 30 年 1 月 1 日以後開始の相続から、「広大地評価」が廃止され、「地積規模の大きな宅地の評価」が新設されました。広大地評価で問題視されていた点（地積以外の要素が補正率に考慮されない、適用要件が複雑である）を受け、新たな評価では、①各土地の個性に応じた形状等のしんしゃく、②適用要件の明確化が図られました。

三大都市圏では 500 m^2 以上、それ以外の地域では 1,000 m^2 以上の宅地に対し、新たに規模格差補正率が適用されます。適用対象となるのは普通商業・併用住宅地区および普通住宅地区に所在する宅地であり、市街化調整区域（都市計画法 34 条 10 号または 11 号の規定に基づき宅地分譲に係る同法 4 条 12 項に規定する開発行為を行うことができる区域を除く）に所在する宅地、工業専用地域に所在する宅地、容積率が 400 %（東京 23 区は 300 %）以上の地域に所在する宅地は除外されます。

これまで広大地評価と重複適用できなかった各種の画地補正と併用できることで、土地の形状に応じた補正が考慮できることとなります。また、同じく重複適用ができなかった無道路地、がけ地、容積率の異なる 2 以上の地域にわたる宅地、セットバックを必要とする宅地等も規模格差補正との併用が可能です。

また、市街地農地等の評価における「宅地であるとした場合の 1 m^2 当たりの価額」にも適用可能です。

3　適用対象の判定

次頁のフローチャートに沿って、評価対象地が適用対象であるかどうかを判定します。

〈「地積規模の大きな宅地の評価」の適用対象の判定のためのフローチャート〉

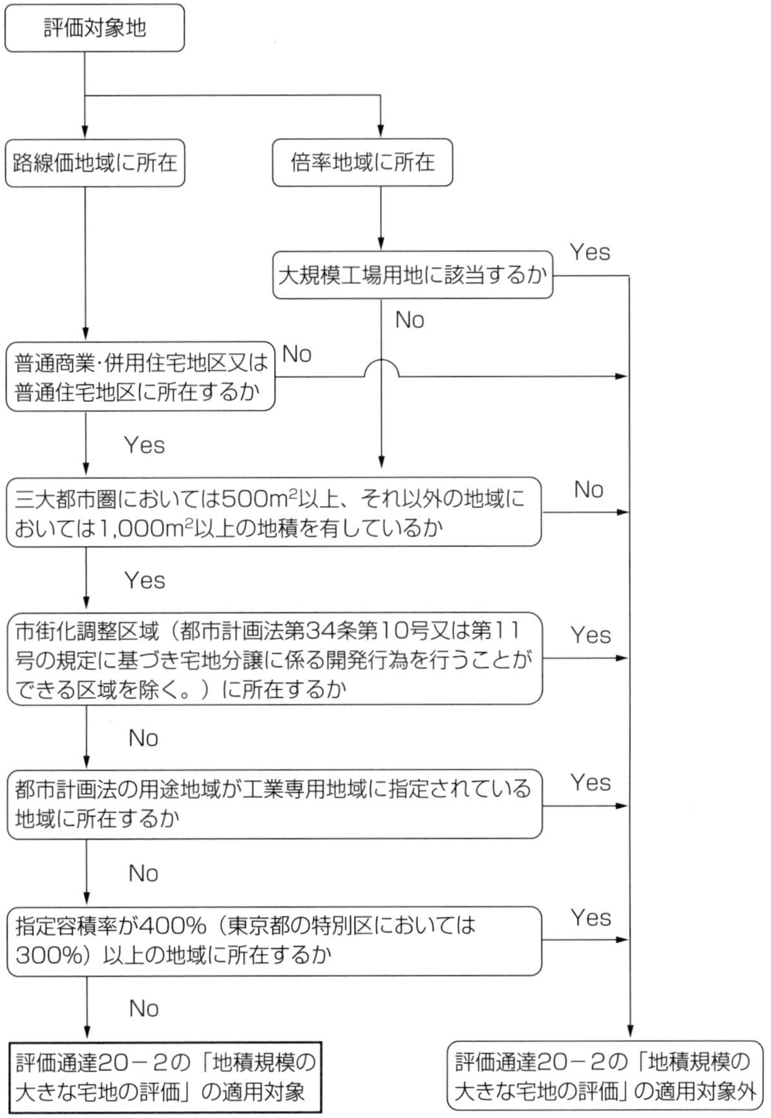

（国税庁ホームページより）

(1)　面積要件

三大都市圏では500 m²以上、それ以外の地域では1,000 m²以上の宅地が適用対象となります。三大都市圏とは首都圏・近畿圏・中部圏を指し、正確には次の地域をいいます。

1　首都圏整備法に規定する既成市街地または近郊整備地帯
2　近畿圏整備法に規定する既成都市区域または近郊整備区域
3　中部圏開発整備法に規定する都市整備区域

三大都市圏に該当する都市（平成28年4月1日時点）は国税庁のホームページに掲示されています。ただし、今後変動する可能性や、一部の区域のみが該当する市区町村もあるため、役所での確認が望ましいといえます。

〈現地調査のポイント〉

①　地積

土地は縄延び・縄縮みしていることが珍しくありません。地積規模の大きな宅地の評価では地積が適用可否を分けますので、評価対象地の地積が面積要件の500 m²（1,000 m²）前後の場合は特に注意してください。メジャー等による簡易的な測量のほか、場合によっては土地家屋調査士等による測量を実施することもあります。

②　評価単位

地積を確定する前提として、評価単位を適切に判定する必要があります。評価単位は原則として相続開始時点の現況地目により判断しますが、例えば駐車場が店舗の専用駐車場である場合は店舗敷地と一体評価するなど、例外的な扱いもあります。原則的評価だけに捉われず、利用状況や地目、権利関係、取得者等を総合的に勘案した上で判断します。

(2)　非該当要件

①　区域区分

市街化調整区域内の宅地は原則として適用対象から除外されます。ただし、都市計画法34条10号または11号の規定に基づき宅地分譲に係る開発行為を行うことができる区域であれば適用が可能です。

まず、都市計画課等で評価対象地が市街化調整区域に所在するかどうかを確認します。市街化調整区域内であった場合は、先述の都市計画法34条10号または11号に該当する区域に含まれていないか（つまり、例外的に宅地開発が可能な地域に指定されていないか）を聴取します。都市計画法34条10号または11号に該当する区域については都市計画課のほか、開発指導課や建築指導課等が管轄していることもあります。

② 用途地域

都市計画で用途地域が工業専用地域に指定されている地域に所在する宅地は、適用対象から除外されます。用途地域は都市計画図で確認できます。役所の都市計画課等の窓口のほか、自治体が提供している行政地図情報のインターネットサービスなども活用すると便利です。

なお、用途地域が指定されていない地域は適用対象に含まれます。

③ 指定容積率

通達によると、容積率が400％（東京23区は300％）以上の地域に所在する宅地は適用対象から除外されます。この容積率は都市計画で定める指定容積率により判定します。前面道路の幅員に基づく基準容積率ではありません。

したがって、指定容積率が400％以上（東京23区は300％以上）である場合には、基準容積率が400％未満（東京23区は300％未満）であったとしても、容積率の要件を満たしません（※指定容積率のみで判定することについてはさまざまな考え方があるようです）。

指定容積率は都市計画課等で確認できます。また、後述する容積率またがりのケースに注意が必要です。

(3) 補正の重複適用

地積規模の大きな宅地の評価は、奥行価格補正や不整形地補正等の画地補正に加え、無道路地等のその他の減価要因とも重複適用できます。

・無道路地　・がけ地等を有する宅地　・容積率の異なる２以上の地域にわたる宅地　・セットバックを必要とする宅地　・都市計画道路予定地の区域内にある宅地等

(4)　市街地農地等

地積規模の大きな宅地の評価は、市街地農地、市街地周辺農地、市街地山林、市街地原野、雑種地等の評価においてそれらが宅地であるとした場合の評価額を求める際にも、その要件を満たせば適用できます。

市街地農地等の評価額は、その農地等が宅地であるとした場合の価額から宅地造成費を控除して求めます。したがって、現地調査では宅地造成の必要性を判断し、造成費の算定に必要な整地状況や高低差等を調べます（各造成費については184ページ参照）。

ただし、宅地への転用が現実的でない場合は、戸建住宅用地としての分割分譲が想定されないため、適用対象となりません。物理的な要因に加えて経済的・法的な要因が考えられますので、多角的な調査が求められます。宅地造成工事の規制区域は開発指導課等、宅地造成を扱う窓口で確認できます。

物理的要因…急傾斜地など
経済的要因…多額の造成費を要する（造成費が宅地としての評価額を上回る等）
法的要因……宅地造成等規制法等の法律、条例などで造成が制限されている

4　特殊な事例の判定

(1)　工業専用地域とそれ以外の用途地域にわたる場合の用途地域の判定

評価対象地が工業専用地域とそれ以外の用途地域にわたっている場合には、その宅地の過半の属する地域によって用途地域を判定します。

都市計画課等で評価対象地の用途地域を聴取し、工業専用地域にまたがって所在している場合はどちらの地域が過半を占めているかを確認します。次の図のように過半が工業専用地域に属しているときには、その宅地は工業専用地域に所在すると判定されます。よって、この場合には「地積規模の大きな宅地の評価」は適用でき

ません。

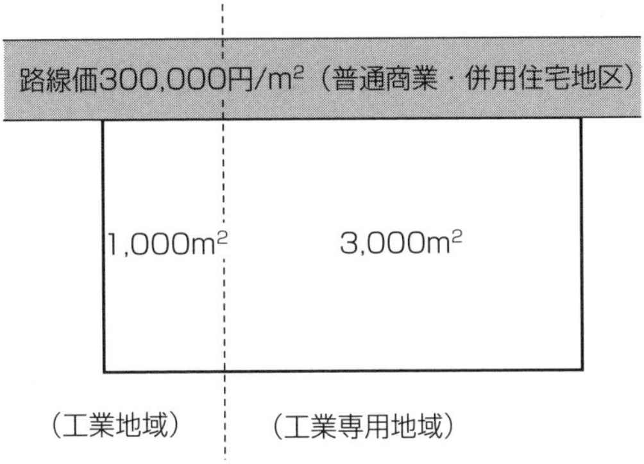

(2)　指定容積率の異なる２以上の地域にわたる場合の容積率の判定

評価対象となる宅地が指定容積率の異なる２以上の地域にわたる場合には、各容積率をその部分に対応する地積により加重平均して求めた数値により容積率を判定します。

したがって、都市計画課等で指定容積率を聴取したときに容積率またがりが判明した場合には、それぞれの容積率の及ぶ範囲も合わせて確認します。現況の道路端を基点にして範囲を把握することが一般的ですが、中には「都市計画道路の予定線から○ｍまで」というように、実際の道路ではない地点を基点とするケースもあります。

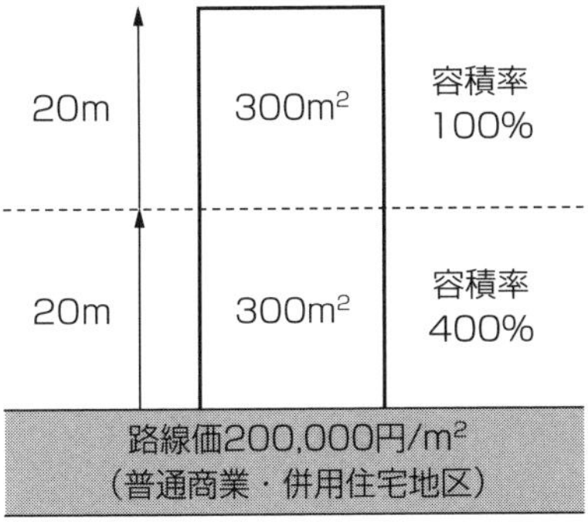

$$\frac{400\% \times 300\ \mathrm{m}^2 + 100\% \times 300\ \mathrm{m}^2}{300\ \mathrm{m}^2 + 300\ \mathrm{m}^2} = 250\%$$

→**適用可**

(3) 倍率地域に所在する場合

倍率地域に所在する地積規模の大きな宅地は、次のうちいずれか低い方の価額により評価します。

> ① 倍率方式により評価した価額
>
> ② その宅地が標準的な間口距離および奥行距離を有する宅地であるとした場合の1 m^2当たりの価額を路線価とし、かつ、その宅地が普通住宅地区に所在するものとして「地積規模の大きな宅地の評価」に準じて計算した価額

②の「その宅地が標準的な間口距離および奥行距離を有する宅地であるとした場合の 1 m^2 当たりの価額」とは、具体的には評価対象地の近傍の固定資産税評価に係る標準宅地の 1 m^2 当たりの価額（標準宅地が各種補正の適用を受ける場合には、その適用がないものとしたときの価額）を基に計算します。

したがって、固定資産税を取り扱う行政窓口で、近傍の標準宅地の価額を調べる必要があります。固定資産税を扱う窓口には資産税課や税務課、東京都であれば都税事務所等があります。このとき、必ず相続開始年の価額を聴取することに留意してください。

> **固定資産税を取り扱う窓口（一例）**
>
> ・資産税課　・固定資産税課　・市民税課　・税務課　・課税課
>
> ・納税課　・税制課　・都税事務所、府税事務所、市税事務所　等

5 事例

【机上調査】

評価対象地は東京 23 区内の地積 600 m^2 の店舗敷地。路線価図を確認したところ、地区区分は普通商業・併用住宅地区であった。さらに、相続人提供の資料によると、用途地域は近隣商業地域（指定容積率 300 %）であった。

【現地調査】

評価対象地は店舗が建ち並ぶ道路沿いにあり、簡易測量を行ったところ縄延

び・縄縮みはしていないと判断できた。敷地の一部は駐車場であるが、外部に貸しているのではなく来客用の駐車スペースであったことから、店舗敷地との一体評価が妥当と判断。したがって評価対象地の地積は600 m^2 である。

【役所調査】

都市計画課で指定容積率を確認したところ、近隣商業地域（指定容積率 300 %）の範囲は前面道路から 20 m までの範囲であり、その先は第一種低層住居専用地域（容積率 100 %）となっていた。このことから、評価対象地は容積率の異なる 2 以上の地域にまたがっていることが判明。それぞれの容積率が適用される部分の地積により加重平均したところ、容積率は約 233 %であることがわかった。

$$\frac{400\ m^2 \times 300\%}{600\ m^2} + \frac{200\ m^2 \times 100\%}{600\ m^2} \fallingdotseq 233\ \%$$

よって、「地積規模の大きな宅地の評価」の容積率要件を満たすこととなる。

以上から、評価対象地に適用される規模格差補正率は 0.79 である。

$$\frac{600\ m^2 \times 0.95 + 25}{600\ m^2} \times 0.8 \fallingdotseq 0.79$$

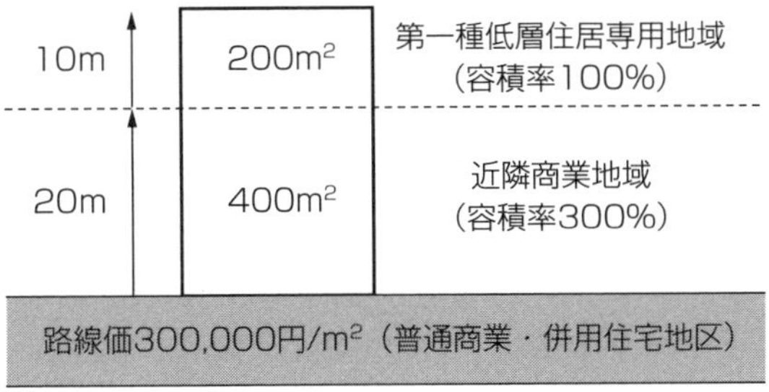

2 無道路地の評価

1 財産評価基本通達

〈財産評価基本通達 20-3（無道路地の評価）〉

無道路地の価額は、実際に利用している路線の路線価に基づき 20《不整形地の評価》又は前項の定めによって計算した価額からその価額の 100 分の 40 の範囲内において相当と認める金額を控除した価額によって評価する。この場合において、100 分の 40 の範囲内において相当と認める金額は、無道路地について建築基準法その他の法令において規定されている建築物を建築するために必要な道路に接すべき最小限の間口距離の要件（以下「接道義務」という。）に基づき最小限度の通路を開設する場合のその通路に相当する部分の価額（路線価に地積を乗じた価額）とする。

（注）

1 無道路地とは、道路に接しない宅地（接道義務を満たしていない宅地を含む。）をいう。

2 20≪不整形地の評価≫の定めにより、付表 5「不整形地補正率表」の（注）3 の計算をするに当たっては、無道路地が接道義務に基づく最小限度の間口距離を有するものとして間口狭小補正率を適用する。

2 評価の概要

無道路地とは道路（建築基準法上の道路、14 ページ）に接していない宅地を指しますが、間口が著しく狭い等で接道義務を満たしていない宅地も含みます。

接道義務（17 ページ）とは、建築物を建築するために必要な道路に接する最小限の間口距離要件を指し、建築基準法 43 条や条例等で規定されています（なお、都市計画区域外では接道義務は生じません）。また、接している道路が建築基準法上の道路でなければ、接道義務を満たしているとはいえません。

宅地は建築物を建築することができてはじめて、その効用を十分に発揮することができます。無道路地は、接道義務を満たしている土地と比較して宅地としての利用価値が著しく劣ることから、道路に接していないことによる減額を適切に評価に織り込む必要があり、通達においても減額補正が認められています。

無道路地は、実際に利用している道路の路線価に基づき、不整形地等の各種の評価減を適用した価額から、その価額の40％の範囲内において相当と認められる通路開設費用（買収費用）を控除して評価します。

〈無道路地の例〉

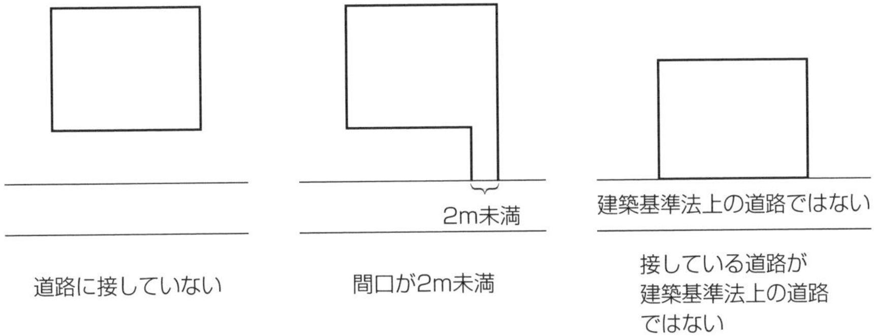

〈道路に接していない土地〉

〈間口が２ｍ未満の土地〉

〈接している道路が建築基準法上の道路ではない土地〉

3　現地調査のポイント

道路に直接接していない無道路地であっても、実際には隣地等の敷地の一部を通路として利用し道路へ出入りしているケースがほとんどです。

したがって、現地調査では、まず評価対象地が相続開始時点においてどのように利用されていたのか、すなわちどこを通路として道路へ出入りしていたのか等を、相続人へのヒアリングも合わせて確認します。

- 隣地等のどの部分を使って道路へ出入りしているのか
- アスファルト舗装がされている等、通路部分が物理的に明確であるかどうか
- 通路として利用している土地に通行地役権の登記がなされているかどうか
- 通路部分の所有者に通行使用料等の支払いがなされているかどうか

通路として利用されている部分が明らかな場合には、次に、測量図や公図等の図面と照合し位置を確認した上で、通路部分の幅員や延長距離等を測定します。

評価対象地やその周囲が農地である等で明確な通路が存在しない場合もあります。そのような場合も、例えば付近に畦道がないかどうか、評価対象地を囲んでいるフェンス等の一部が立ち入り用に途切れていないかどうかといった点をチェックしましょう。

なお、一体の土地としては道路に接していても、評価単位に区分した場合に無道路地となるケースがあることに注意してください。この場合も、道路への出入り状況について現地で確認します。

4　役所調査のポイント

(1)　接道義務を満たすための要件の確認

先述した通り、無道路地は、実際に利用している道路の路線価に基づき、不整形地等の各種の評価減を適用した価額から、その価額の40％の範囲内において相当と認められる通路開設費用（買収費用）を控除して評価します。

したがって、役所調査では、まず評価対象地の周囲にある道路の道路種別等を調べ、それらが正面路線となり得るかどうか（建築基準法上の道路なのかどうか）を確認します。道路種別は建築指導課、建築課、土木課といった窓口で聴取することができます。道路課、道路管理課といった道路幅員等を扱う窓口とは異なることが多いため注意しましょう。

次に、想定される通路部分の地積を求めるために、接道義務を満たすための間口距離を確認します。建築基準法が規定する最低限の間口距離は2mですが、各行政庁の定める条例等によっては、必ずしも2mあれば足りるとは限りません。例えば東京都の建築安全条例では、敷地の路地状部分の長さが20m超である場合は、その間口距離は3m以上なければならないと定めています。このように、建築基準法

上の規定よりも厳しい場合があるので注意してください。

〈東京都建築安全条例3条（路地状敷地の形態）〉

敷地の路地状部分の長さ	幅員
20ｍ以下のもの	2ｍ
20ｍを超えるもの	3ｍ

〈京都府建築基準法施行条例４条（敷地の形）〉

路地状部分の長さ	幅員
20ｍ以内のとき	2ｍ
20ｍを超え35ｍ以内のとき	3ｍ
35ｍを超えるとき	4ｍ

(2)　無道路地に建物が建っている場合

無道路地では基本的に建築物の建築や建替えができませんが、評価対象地が無道路地に見えるにも関わらず、その敷地上に建物が存在していることがあります。このような場合は、評価対象地が本当に無道路地であるのか確認するために、なぜ建物を建てることができたのか法的根拠を中心に調べます。

具体的には、建築確認および完了検査を受けているのかどうかを担当課で聴取するほか、建築計画概要書を閲覧して道路との接道状況や建物の配置を確認します。

無道路地に建物が建っている理由としては、建築時は接道義務を満たし適法に建てられたが、その後、土地の利用状況が変化し（道路側の一部を売却した等）無道路地となってしまったケースや、建築確認が不要な地域（都市計画区域外）に存しているケース、プレハブなど建築確認が不要な建物であるケース、そもそも違法建築であるケース等が考えられます。

5　その他

(1)　無道路地に準じた土地（準無道路地）である場合

評価対象地の所有者と、評価対象地と道路との間にある土地の所有者が同一人である場合、第三者から通路部分を買収する必要がありません。したがって、そのような場合は通路として利用している部分を含めた不整形地として評価し、無道路地としてのしんしゃくは行いません。

(2) 法定外公共物（赤道・青道等）により分断されている場合

評価対象地が自宅等の敷地として一体で利用されている場合でも、敷地の一部に赤道や青道（5ページ）といった法定外公共物が存在し一体評価の合理性を欠く場合には、分断された一方が無道路地となる場合があります。

敷地内に赤道等が存在する場合、現地でそれらの利用状況（例えば、赤道等が事実上占有状態になっているのかどうか、また青道の場合は水が流れているのかどうか等）を調査するほか、役所調査で当該公共物の払い下げや付け替えが可能であるかどうかを調べ、一体評価が妥当であるかどうかを判断します。

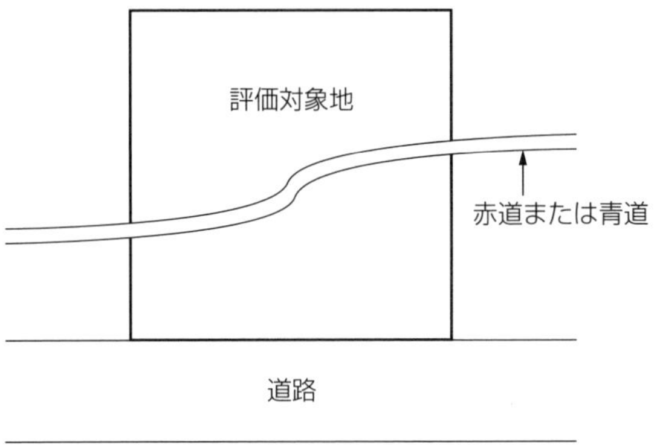

赤道・青道等で分断されている

(3) 時価評価の観点から鑑定評価を検討すべき場合

評価対象地と道路との間の土地に大きな建物が建っている場合など、何らかの理由で通路開設（買収）が現実的でないケースがあります。そのような土地では、通達に則った評価（通路開設費用の控除）は合理的な方法とはいえません。

事実上、接道義務を満たすことができない土地は宅地としての効用を持っているとはいえないため、時価評価の観点から、最有効使用を前提とした不動産鑑定評価を適用することが有用な場合があります。無道路地の具体的な利用方法の例としては次のものが考えられます。

・家庭菜園　　　・看板設置場
・資材置場　　　・駐輪場
・太陽光パネル置場　等

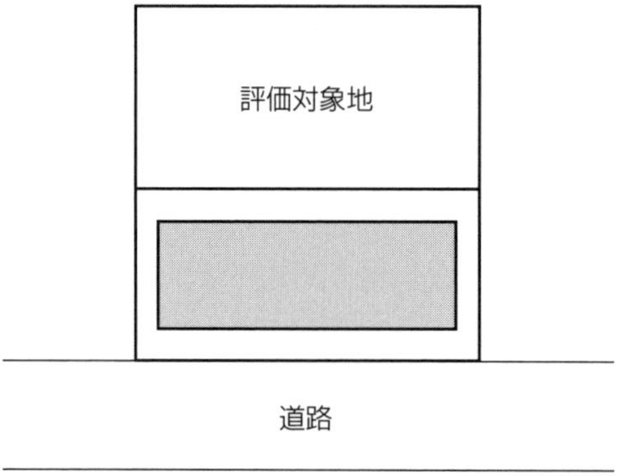

道路との間の土地に
大きな建物が建っている

(4)　道路に直接接しているように見えるが、実際は接していない場合

一見、接道していても、何らかの理由で道路との間に第三者の土地が介在しており接道義務を満たさないケースも存在します。物理的には道路に接しているため、現地調査では無道路地であることに気付けません。

このようなケースでは、公図等を利用し接道状況を見極める必要があります。登記情報で介在している土地の所有者を確認するほか、相続人や役所の担当課にヒアリングを行い、現況に至るまでの経緯を調査します。

また、道路が公道である場合は、介在する土地も含めて道路認定（○○市道△△号線等）がされているのかどうかを道路課等で確認します。このときも公図を持参しましょう。

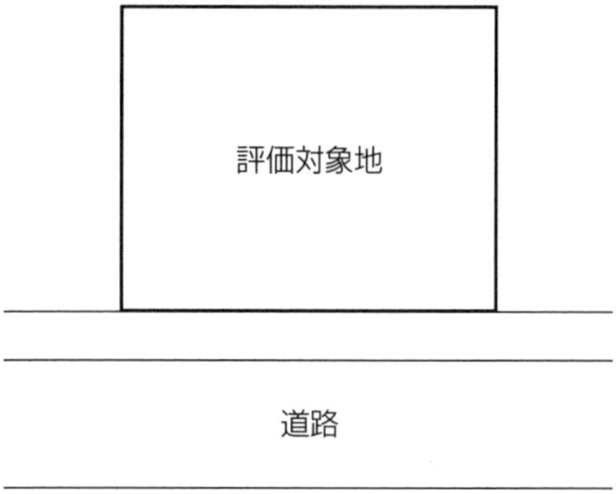

道路との間に
第三者の土地が介在している

6 事例

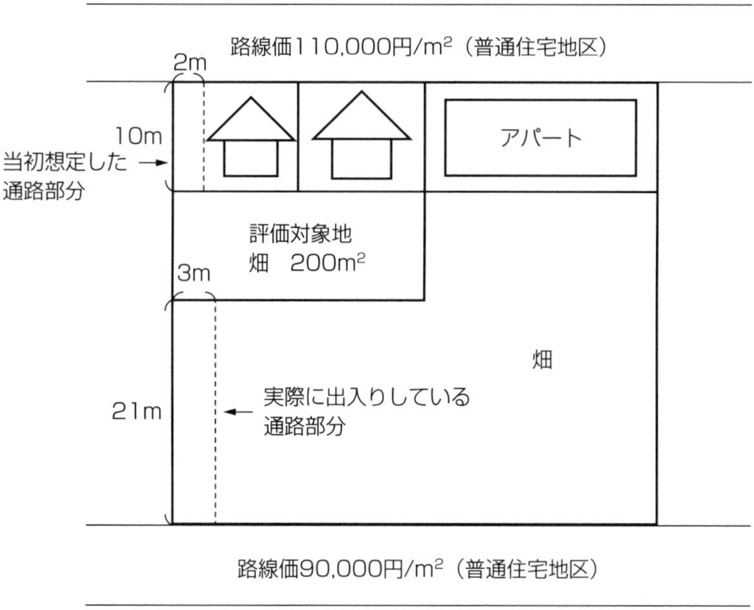

土地の状況

・　無道路地

・　畑として利用

・　北側隣地は第三者所有の戸建住宅敷地で、路線価110,000円/m^2（普通住宅地区）の道路に通じる

・　南側隣地は第三者所有の畑で、路線価 90,000 円/m^2（普通住宅地区）の道路に通じる

【机上のみの評価】

机上のみの評価では、評価対象地の北側隣地（戸建住宅）側に幅員 2 m の通路（20 m^2）を想定、正面路線価を 110,000 円/m^2 として無道路地の評価を行った。

【現地調査・役所調査後の評価】

現地調査を実施したところ、評価対象地からの出入りは南側隣地（畑）側を通路としていることがわかった。さらに、役所調査で評価対象地が存する地域の建築安全条例を確認したところ、敷地の路地状部分の長さが 20 m 超の場合、建物建築時に 3 m の間口が必要とされることが判明した。

これらのことから、評価対象地の南側隣地側に幅員 3 m の通路（63 m^2）を想定、正面路線価を 90,000 万円/m^2 として無道路地の評価を行った。

以上は、実際の利用状況を鑑みず評価を行った場合と、実際の利用状況をふまえて評価を行った場合の比較です。想定通路を北側に取るか南側に取るかで、①正面路線価に 2 万円/m^2 の差、②想定通路の地積に 43 m^2 の差が生じています。

ここでは具体的な計算式は割愛しますが、以上により評価額に格差が生じるのは明らかです。

3　がけ地等を有する宅地の評価

1　財産評価基本通達

〈財産評価基本通達 20-5（がけ地等を有する宅地の評価）〉

がけ地等で通常の用途に供することができないと認められる部分を有する宅地（次項の定めにより評価するものを除く。）の価額は、その宅地のうちに存するがけ地等ががけ地等でないとした場合の価額に、その宅地の総地積に対するがけ地部分等通常の用途に供することができないと認められる部分の地積の割合に応じて付表 8「がけ地補正率表」に定める補正率を乗じて計算した価額によって評価する。

付表 8　がけ地補正率表

がけ地の方位 がけ地地積／総　地　積	南	東	西	北
0.10 以上	0.96	0.95	0.94	0.93
0.20　〃	0.92	0.91	0.90	0.88
0.30　〃	0.88	0.87	0.86	0.83
0.40　〃	0.85	0.84	0.82	078
0.50　〃	0.82	0.81	0.78	0.73
0.60　〃	0.79	0.77	0.74	0.68
0.70　〃	0.76	0.74	0.70	0.63
0.80　〃	0.73	0.70	0.66	0.58
0.90　〃	0.70	0.65	0.60	0.53

（注）　がけ地の方位については、次により判定する。
1　がけ地の方位は、斜面の向きによる。
2　2 方位以上のがけ地がある場合は、次の算式により計算した割合をがけ地補正率とする。

$$
\frac{\left(\begin{array}{l}\text{総地積に対する}\\\text{がけ地部分の全}\\\text{地積の割合に応}\\\text{ずるA方位のが}\\\text{け地補正率}\end{array} \times \begin{array}{l}\text{A方位の}\\\text{がけ地の}\\\text{地積}\end{array} + \begin{array}{l}\text{総地積に対する}\\\text{がけ地部分の全}\\\text{地積の割合に応}\\\text{ずるB方位のが}\\\text{け地補正率}\end{array} \times \begin{array}{l}\text{B方位の}\\\text{がけ地の}\\\text{地積}\end{array} + \cdots\cdots\right)}{\text{がけ地部分の全地積}}
$$

3　この表に定められた方位に該当しない「東南斜面」などについては、がけ地の方位の東と南に応ずるがけ地補正率を平均して求めることとして差し支えない。

〈参考〉財産評価基本通達 20-6（土砂災害特別警戒区域内にある宅地の評価）

土砂災害特別警戒区域内（土砂災害警戒区域等における土砂災害防止対策の推進に関する法律（平成 12 年法律第 57 号）第 9 条（(土砂災害特別警戒区域)）第 1 項に規定する土砂災害特別警戒区域の区域内をいう。以下同じ。）となる部分を有する宅地の価額は、その宅地のうちの土砂災害特別警戒区域内となる部分が土砂災害特別警戒区域内となる部分でないものとした場合の価額に、その宅地の総地積に対する土砂災害特別警戒区域内となる部分の地積の割合に応じて付表 9「特別警戒区域補正率表」に定める補正率を乗じて計算した価額によって評価する。

付表 9　特別警戒区域補正率表

特別警戒区域の地積 / 総地積	補正率
0.10 以上	0.90
0.40 〃	0.80
0.70 〃	0.70

（注）　がけ地補正率の適用がある場合においては、この表により求めた補正率にがけ地補正率を乗じて得た数値を特別警戒区域補正率とする。ただし、その最小値は 0.50 とする。

2　評価の概要

財産評価上の「がけ地等を有する宅地」とは、平たん部分とがけ地部分等が一体となっている宅地をいいます。斜面を階段状に開発した住宅地でみられるような、擁壁で保護された傾斜地を含む宅地が典型的な例ですが、高低差の多い地域などでは擁壁の必要のない（安息角以下の）傾斜が敷地内にみられることもあります。傾斜が自然のものか人工のものかは問いません。

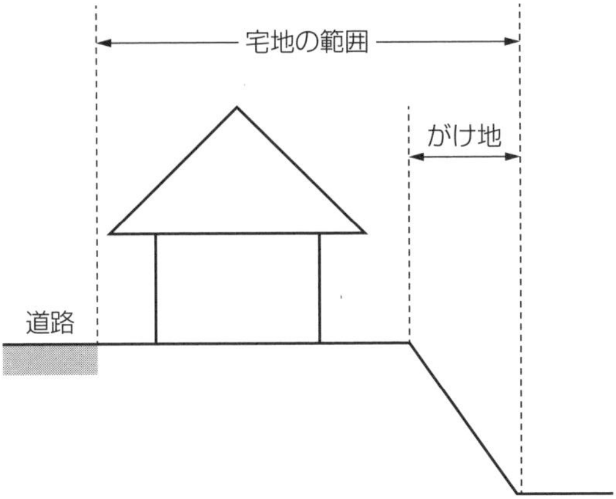

宅地の一部にがけ地等が存在していてその部分を通常の用途に使用することができない場合、がけ地等がない場合に比べて利用価値が劣ると考えられることから、がけ地補正率表に定めるがけ地補正率によって減額補正を行います。

傾斜部分を宅地とは別の評価単位（山林や雑種地等）とすべき場合は「がけ地等を有する宅地」には該当しません。あくまで平たん部分とがけ地部分が一体となっている宅地が対象です。

がけ地補正率は、総地積に対するがけ地地積の割合およびがけ地の方位に応じて設定されています。がけ地の方位とは斜面の向いている方位を指し、がけ地の所在する方位ではありません。

がけ地等を有する宅地の評価においては、市街地山林等の宅地比準方式で用いる宅地造成費控除を適用することはできません。宅地造成費控除は宅地以外の土地と宅地とを比較して減価を考慮するものであるのに対し、がけ地補正は評価対象地が宅地であることを前提に、がけ地のない宅地と比較して減価を考慮するものであるからです。がけ地には採光や通風等の点で宅地としての効用が高まるという側面もあり、がけ地補正率はそれらもふまえて設定されています。

総地積に対するがけ地地積の割合	がけ地部分が宅地全体に対して占める割合。がけ地の割合が大きいほど減額割合も大きくなる。
がけ地の方位	斜面が向いている方角。採光や通風の違いから、南→東→西→北の順に減額割合が大きくなる。

がけ地補正の適用があるのは路線価地域の宅地のみであり、倍率地域の宅地には原則として適用できません。また、評価対象地が土砂災害特別警戒区域内にある場合は特別警戒区域補正率とがけ地補正率の重複適用が可能です（計算例は101ページ）。

3　現地調査のポイント

がけ地等を有する宅地の調査では、現地の状況や評価単位を確認した上で、がけ地補正率を決定する2要素「総地積に対するがけ地地積の割合」、「がけ地の方位」を中心に調べることとなります。簡易的な測量では傾斜地の地積の正確な測定が難しいことが多く、三斜求積をすることが一般的ですが、CADで求積するとより正確に測定できます。

(1) 現地の状況

他の法令等においてがけ地とは傾斜度が30度以上のものをいいますが、財産評価上は傾斜度や高低差等の定義はなく、30度以上が必ずしも適用基準となるわけではありません。ただし、状況によっては本項の評価ではなく「利用価値が著しく低下している宅地の評価」（タックスアンサーNo.4617）の10％減を検討することがあります。

(2) 評価単位

前述のとおり、傾斜部分を山林や雑種地等として宅地とは別に評価すべき場合は、本項の評価は適用されません。したがって、評価対象地が傾斜部分を含めて一体で宅地であることを、前提として確認しておく必要があります。

登記上の地目に加えて、建物の敷地として許可を受けている範囲を建築計画概要書で確認します。例えば擁壁の設置義務のある宅地のように、がけ地（擁壁）部分を含めなければ建築が成立しない場合は宅地として一体であると判断できます。

現地でも実際の利用の状況を確認します。

(3) がけ地地積

評価対象地全体の形状や地積を表した図面としては、地積測量図、建築計画概要書附属の配置図、建築時の設計図書等があります（公図を用いる場合は精度を要確認）。これらを使用して三斜求積法やCADでがけ地部分の水平投影面積を求積します。がけ地の範囲は図面に記載されていることもありますが、Googleマップ等の航空写真をCADで図面に重ね合わせると実際の状況が把握しやすく効果的です。

現地では現況を確認しながら簡易測量を行い、図面上にがけ地の範囲を落とし込んでいきます。土地の状況によっては測定が困難なこともありますが、メジャー、レーザー計等を用いてがけ地部分の間口、奥行、高さ等を測ります。できれば2人いた方が測りやすいでしょう。

〈2人で簡易測量を行う様子〉

〈現地調査の結果を記入した図面〉

〈航空写真と地積測量図を重ね合わせた図面〉

適した図面がない場合、費用が許せば測量士や土地家屋調査士による測量を実施することもあります。ただし、補正率表のがけ地割合はある程度の幅（10％刻み）を持たせて設定されていますので、必ずしもがけ地地積の求積に高い精度が求められるわけではありません。専門的な測量を実施する場合、がけ地の範囲を測量者の判断のみに委ねずに、地目や評価単位を判定した上でその範囲を測量者と擦り合わせておきます。

がけ地割合が10％未満の場合は本項の評価方法は適用対象外となりますが、がけ地の存在がその宅地の価額に影響を及ぼしていると考えられるならば、他の観点から減価を考察する余地はあります。「利用価値の著しく低下している宅地」の10％減や鑑定評価による時価評価を検討します。

(4) がけ地の方位

がけ地の方位は斜面の向いている方位で判定します。がけ地の所在する方位ではありませんので注意してください。図面のみでは傾斜の方位が分かりづらいため現地で必ず確認します。

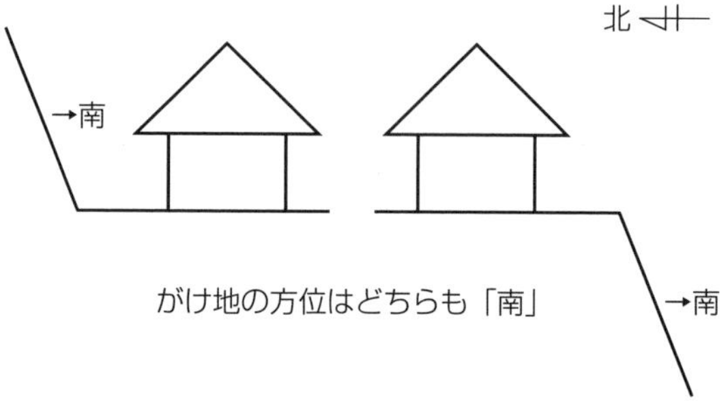

①二方向に斜面を有するがけ地

二方向に斜面がある場合は、まず二方向を合計したがけ地地積の割合に対応するがけ地補正率を各方位別に求め、次にそれぞれのがけ地補正率を方位別のがけ地地積で加重平均した数値を、評価対象地のがけ地補正率とします（計算例は100ページ）。

②中間方向を向いているがけ地

南東など補正率表に定められた方位の中間を向いている場合は、それぞれの方位のがけ地補正率を平均して補正率を求めます。例えば南東であれば「（南のがけ地補正率＋東のがけ地補正率）÷2」でがけ地補正率を算出します。

なお、どうしても方位に多少のずれはありますので、概ね向いている方角で判定（例えば北北西の場合は北と判定）しても差し支えありません。

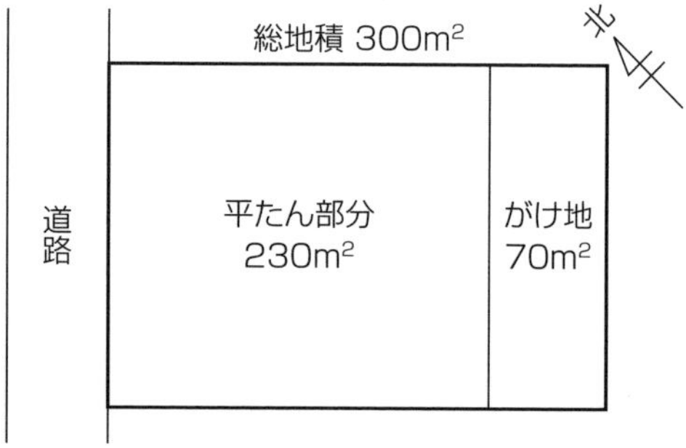

総地積に対するがけ地地積の割合：$70m^2/300m^2 \fallingdotseq 0.23$

がけ地割合 0.23 に対応する南方位のがけ地補正率…0.92

がけ地割合 0.23 に対応する東方位のがけ地補正率…0.91

(0.92＋0.91)÷2＝0.91（小数点第 2 位未満切捨て）

4　役所調査のポイント

(1)　図面の取得

役所調査では地積測量図や建築計画概要書等の図面を取得するのが第一の目的です。地積測量図は法務局、建築計画概要書は建築指導課等に備え付けられています。

また、宅地造成等規制法上の許可を受けて造成された宅地では申請時の図面が保存されていることがあり、これを図面上での求積に役立てることもできます。

(2)　法的な規制

評価対象地に法的な規制が生じていないかを確認していきます。

①土砂災害特別警戒区域

土砂災害防止法（土砂災害警戒区域等における土砂災害防止対策の推進に関する法律）は、急傾斜地の崩壊等が発生した場合の危害が大きいとみられる一定の区域を「土砂災害特別警戒区域」（レッドゾーン）として指定しています。評価対象となる宅地が特別警戒区域内にある場合、「土砂災害特別警戒区域内にある宅地の評価」（財産評価基本通達 20-6）によって評価します。

特別警戒区域内にある宅地は建築物の構造規制が課せられることから、その不利益を考慮し、特別警戒区域補正率表に定める特別警戒区域補正率によって減額補正を行います。補正率は総地積に対する特別警戒区域部分の地積の割合に応じて設定されています。

土砂災害特別警戒区域内にある宅地はがけ地を含むことが多く、がけ地補正率の適用がある場合は、特別警戒区域補正率にがけ地補正率を乗じた数値を特別警戒区域補正率とします。ただし、その場合の補正率の最小値は 0.5 となります。

特別警戒区域の範囲は自治体が公表しているハザードマップで調べることができ、窓口としては防災課や土木課等が主になりますが、多くはインターネットでも閲覧することができます。現地に特別警戒区域の範囲を示す標柱等は通常設置されないので、ハザードマップを評価対象地の図面に重ね合わせてCADでその範囲を求積します。近年の自然災害の多発に伴い、法令や指定の範囲も頻繁に更新されているため、最新の情報を参照するようにします。

なお、ハザードマップは「土砂災害警戒区域」（イエローゾーン）も指定していますが、こちらは原則として特別警戒区域補正の対象とはなりません。

また、倍率地域の宅地には原則として適用できません。これは、固定資産税評価額に特別警戒区域であることの減価がすでに考慮されているためです。

②その他の法令

がけ地等を有する宅地は、宅地造成等規制法、市町村のがけ条例等の規制を受けていることがあります。これらの法令による規制は本項の評価には影響しませんが、建築制限や擁壁設置義務等の規制が宅地の価額に与える影響の度合いによっては、別の何らかの減価につながる可能性があります。

例えば、がけ条例により建築制限を受ける部分を、区分地上権に準ずる地役権の目的となっている承役地である宅地の評価（財産評価基本通達25(5)）に準じて評価することがあります。

5　事例

(1) 二方向に斜面を有するがけ地

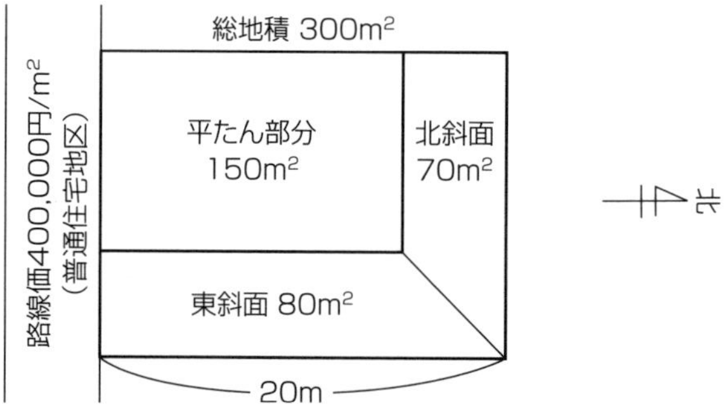

①総地積に対するがけ地地積の割合

（80 ㎡ ＋ 70 ㎡）÷ 300 ㎡ ＝ 0.50

②方位別のがけ地補正率

がけ地割合 0.50 に対する北方位のがけ地補正率…0.73

がけ地割合 0.50 に対する東方位のがけ地補正率…0.81

③加重平均したがけ地補正率：

$$\frac{(\text{北斜面}：0.73 \times 70\text{m}^2 + \text{東斜面}：0.81 \times 80\text{m}^2)}{(70\text{m}^2 + 80\text{m}^2)}$$

≒ 0.77（小数点第 2 位未満切捨て）

400,000 円／m^2 × 1.00（奥行 20m に応ずる奥行価格補正率）＝ 400,000 円／m^2

400,000 円／m^2 × 0.77（がけ地補正率）＝ 308,000 円／m^2

308,000 円／m^2 × 300m^2 ＝ 92,400,000 円

(2) 土砂災害特別警戒区域内にある宅地

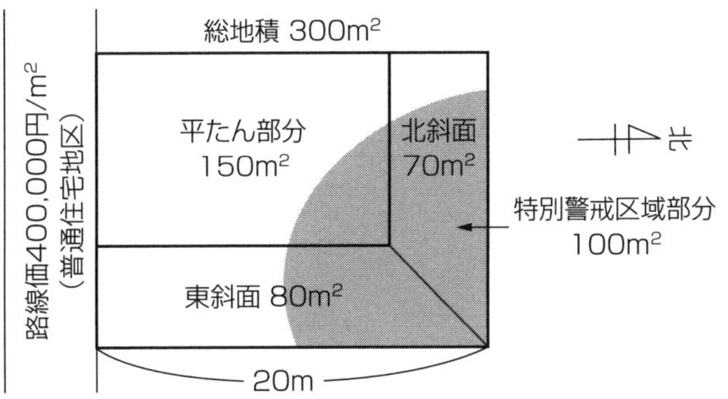

①総地積に対する特別警戒区域となる部分の地積の割合

100m^2 ÷ 300m^2 ≒ 0.33

→特別警戒区域補正率表より補正率は 0.90

②がけ地補正率

（1）の③より 0.77

③特別警戒区域補正率

0.90 × 0.77 ≒ 0.69（小数点第 2 位未満切捨て）

400,000円／m^2 × 1.00（奥行20mに応ずる奥行価格補正率）＝400,000円／m^2

400,000円／m^2 × 0.69（特別警戒区域補正率）＝276,000円／m^2

276,000円／m^2 × 300m^2 ＝82,800,000円

4 容積率の異なる２以上の地域にわたる宅地の評価

1 財産評価基本通達

〈財産評価基本通達 20-7（容積率の異なる２以上の地域にわたる宅地の評価）〉

容積率（建築基準法第 52 条に規定する建築物の延べ面積の敷地面積に対する割合をいう。以下同じ。）の異なる２以上の地域にわたる宅地の価額は、15（(奥行価格補正)）から前項までの定めにより評価した価額から、その価額に次の算式により計算した割合を乗じて計算した金額を控除した価額によって評価する。この場合において適用する「容積率が価額に及ぼす影響度」は、14-2（(地区)）に定める地区に応じて下表のとおりとする。

$$\left(1-\frac{\text{容積率の異なる部分の各部分に適用される容積率にその各部分の地積を乗じて計算した数値の合計}}{\text{正面路線に接する部分の容積率}\times\text{宅地の総地積}}\right)\times\text{容積率が価額に及ぼす影響度}$$

○容積率が価額に及ぼす影響度

地区区分	影響度
高度商業地区、繁華街地区	0.8
普通商業・併用住宅地区	0.5
普通住宅地区	0.1

（注）

1　上記算式により計算した割合は、小数点以下第３位未満を四捨五入して求める。

2　正面路線に接する部分の容積率が他の部分の容積率よりも低い宅地のように、この算式により計算した割合が負数となるときは適用しない。

3　２以上の路線に接する宅地について正面路線の路線価に奥行価格補正率を乗じて計算した価額からその価額に上記算式により計算した割合を乗じて計算した金額を控除した価額が、正面路線以外の路線の路線価に奥行価格補正率を乗じて計算した価額を下回る場合におけるその宅地の価額は、それらのうち最も高い価額となる路線を正面路線とみなして15《奥行価格補正》から前項までの定めにより計算した価額によって評価する。なお、15《奥行価格補正》から前項までの定めの適用については、正面路線とみなした路線の14-2《地区》に定める地区区分によることに留意する。

2　評価の概要

容積率（17ページ）とは、敷地面積に対する建築物の延床面積の割合をいいます。適用される容積率により建てられる建物の大きさが決まるため、容積率は土地の価額に影響を与えます。一般に、容積率が高いほど土地の収益性が高まり、土地の価値も高くなります。

容積率には、都市計画で定められる指定容積率と、前面道路幅員に基づく基準容積率があります。各土地に適用される容積率の上限は、指定容積率と基準容積率のいずれか低い方（厳しい方）となります。

<table>
<tr><th colspan="2" rowspan="2">用途地域</th><th>指定容積率（%）</th><th>基準容積率（%）</th></tr>
<tr><th>都市計画により用途地域ごとに定められる容積率。</th><th>前面道路幅員に基づく容積率。前面道路幅員が12m未満の場合に適用され、幅員×容積率低減係数で算定する。</th></tr>
<tr><td rowspan="2">住居系</td><td>第1種低層住居専用地域
第2種低層住居専用地域
田園住居地域</td><td>50、60、80、100、150、200</td><td>前面道路幅員（m）× 40</td></tr>
<tr><td>第1種中高層住居専用地域
第2種中高層住居専用地域
第1種住居地域
第2種住居地域
準住居地域</td><td rowspan="2">100、150、200、300、400、500</td><td>前面道路幅員（m）× 40
※指定区域では60</td></tr>
<tr><td rowspan="3">商業・工業系</td><td>近隣商業地域
準工業地域</td><td rowspan="4">前面道路幅員（m）× 60
※指定区域では40または80</td></tr>
<tr><td>商業地域</td><td>200〜1,300（100刻み）</td></tr>
<tr><td>工業地域
工業専用地域</td><td>100、150、200、300、400</td></tr>
<tr><td colspan="2">用途地域外（都市計画区域内）</td><td>50、80、100、200、300、400</td></tr>
</table>

路線価は通常、容積率を考慮して設定されています。しかし、評価対象地が容積率の異なる２種類以上の地域にわたって所在している場合、その影響を評価に反映する必要があります。

例えば、幹線道路沿いに店舗等が建ち並ぶ路線商業地域では、道路沿いの容積率が高く、その背後は低くなっていることがよくあります。路線価は道路沿いの土地の収益性等を基準に定められているため、下図のように評価対象地が奥側の低い容積率にまたがって所在している場合、正面路線の路線価を土地全体に適用すると適正な評価額でなくなってしまいます。

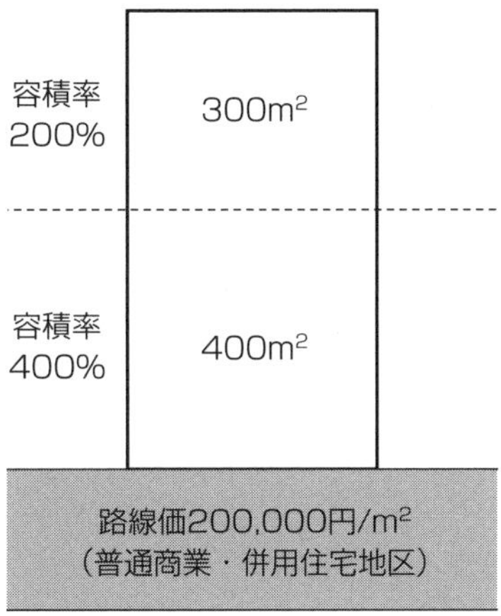

そこで、評価対象地が容積率の異なる地域にわたっている場合は、前項に示した算式によって計算した金額を控除して評価額を求めます。「容積率が価格に及ぼす影響度」は、高度利用が進んだ地区ほど高く設定されており、減額幅は大きくなります。なお、この算式により計算した数値がマイナスになる場合は減額調整を適用しません。

上図の土地の例であれば、その控除割合は下記となります。

$$\left\{1-\frac{200\,\%\times300\,\mathrm{m}^2+400\,\%\times400\,\mathrm{m}^2}{400\,\%\times700\,\mathrm{m}^2}\right\}\times0.5\fallingdotseq0.107$$

減額率の算式に適用する容積率は、指定容積率と基準容積率のいずれか厳しい方となります。このときの基準容積率は前面道路幅員に基づくもの（建築基準法52条２項）を指し、容積率の制限を緩和する特例によるもの（建築基準法52条９項

〜14 項）は考慮しません。

3　減額調整を行わないケース

(1)　正面路線に接する部分の容積率と異なる容積率の部分がない

評価対象地が２つ以上の容積率にまたがっていても、下図のように正面路線に接する部分の容積率と異なる容積率の部分がない（容積率の境が正面路線に対して縦向きに交わる）場合には、双方の容積率を考慮した上で正面路線価が設定されていると考えられます。したがって、このような場合は減額調整を適用しません。

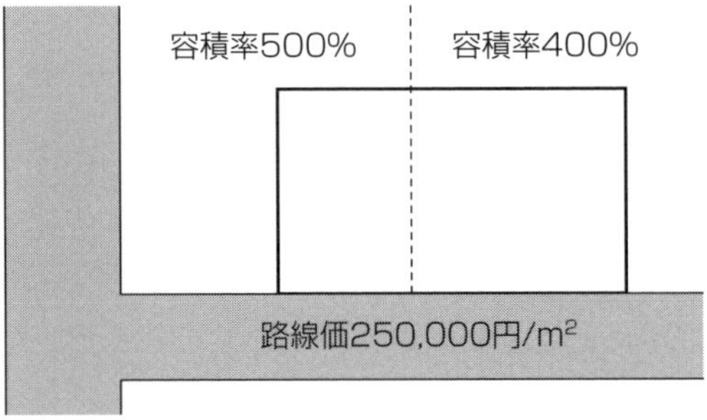

(2)　正面路線側の容積率の方が低い

評価対象地が２つ以上の容積率にまたがっていても、正面路線の容積率の方が低い場合には、低い方の容積率を考慮した上で正面路線価が設定されていると考えられます。したがって、このような場合は減額調整を適用しません。

4　現地調査のポイント

評価対象地の前面道路幅員が 12 m 未満の場合、道路幅員（m）に容積率低減係数を乗じた数値を基準容積率とし、指定容積率といずれか厳しい方を適用することとなります。容積率低減係数は、原則として住居系用途地域では 0.4、その他の地域では 0.6 とされます。

したがって、現地で道路幅員を測定しておく必要があります。なお、前面道路が２つ以上あるときは、最も大きい道路の幅員で基準容積率を判定します。

また、大きな通りに面していて奥行が 20 m 以上あるような土地は、容積率またがりのある可能性が高くなります。これは、一般に指定容積率（用途地域）の境が道路境界から 20〜30 m に位置することが多いためです。

このほか、マンション敷地など地積規模が大きい土地は容積率またがりが多く見られます。区分所有マンションを評価する際は注意してください。

5　役所調査のポイント

(1)　指定容積率

容積率の調査は役所が中心となります。まず、都市計画課等で用途地域および指定容積率を確認します。地域によっては、都市計画の中で個別に容積率が定められていることもあります。

容積率またがりがある場合は、各容積率の及ぶ範囲を確認します。道路や街区を基準として、容積率の境が道路等から何メートルのところにあるのかを聴取します。インターネットで都市計画図を閲覧できる自治体もありますが、縮尺が小さく間違いのもとになりがちです。窓口での確認が望ましいでしょう。

指定容積率を取り扱う窓口（一例）

・都市計画課　・まちづくり政策課　・まちづくり計画課　・都市政策課　・都市づくり推進課　・計画課等

〈都市計画図（容積率またがりの例）〉

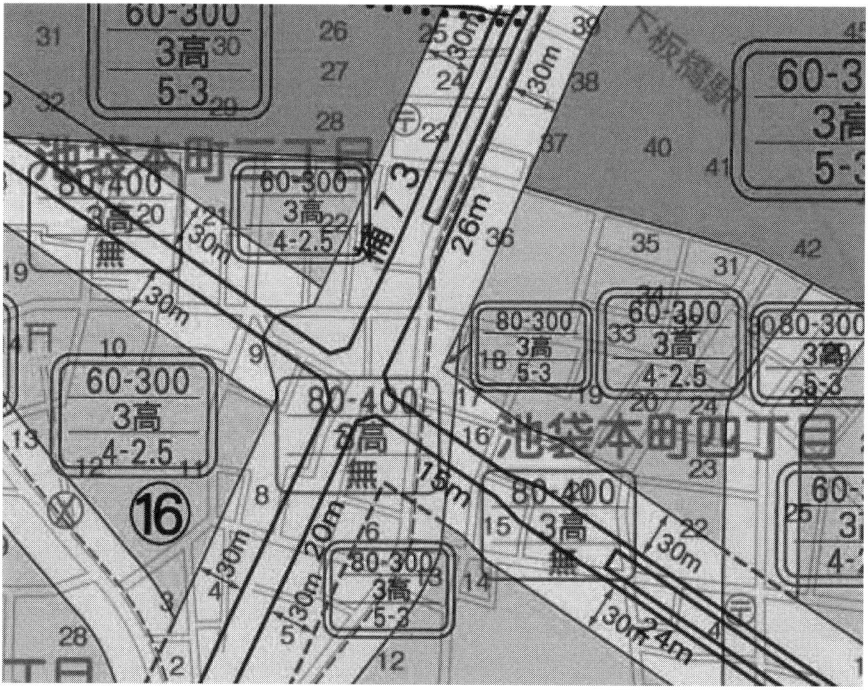

（豊島区ホームページより）

3つ以上の容積率にわたるなど複雑な場合は特に注意してください。下図の場合は、容積率400％地域は300％地域と一体であるとして取り扱い、300％地域と200％地域との格差の調整を行います。

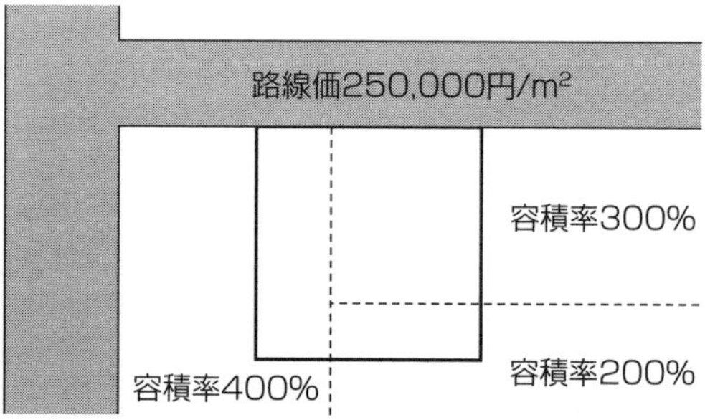

(2) 基準容積率

次に、基準容積率の判定のため、道路課等で前面道路の幅員を確認します。道路台帳も入手できますが、自治体が管理しているのは公道に限られ、私道の道路幅員は通常把握されていません。ただし、私道が開発道路(※1)や位置指定道路(※2)であれば、それらの図面を取得して幅員を調べることが可能です。

さらに、基準容積率の算定に必要な容積率低減係数を建築関係の窓口で確認します。

道路幅員を取り扱う窓口（一例）

・道路課　・道路管理課　・土木管理課　・建設総務課　・維持管理課　・道路維持課等

容積率低減係数を取り扱う窓口（一例）

・建築指導課　・開発指導課　・建築審査課　・土木管理課　・開発建築指導課　・建築開発審査課　・都市計画課等

（※ 1）　開発道路（建築基準法 42 条 1 項 2 号）

都市計画法、土地区画整理法、都市再開発法などの開発許可により築造された道路。開発登録簿付属の土地利用計画図で幅員を確認できる（開発指導課、建築調整課等）。

（※ 2）　位置指定道路（建築基準法 42 条 1 項 5 号）

土地を建築敷地として利用するために新たに造る道で、特定行政庁から指定を受けた道路。道路位置指定図で幅員を確認できる（建築指導課、道路課等）。

5 私道の用に供されている宅地の評価

1 財産評価基本通達

財産評価基本通達 24（私道の用に供されている宅地の評価）

私道の用に供されている宅地の価額は、11≪評価の方式≫から 21-2≪倍率方式による評価≫までの定めにより計算した価額の 100 分の 30 に相当する価額によって評価する。この場合において、その私道が不特定多数の者の通行の用に供されているときは、その私道の価額は評価しない。

2 評価の概要

私人が所有し維持管理している道路を一般に私道といいます。財産評価上、私道には、①不特定多数の者の通行の用に供するものと、②専ら特定の者の通行の用に供するものがあり、それぞれ下記の取扱いとなります。

不特定多数の者の通行の用に供するもの	評価しない。
専ら特定の者の通行の用に供するもの	自用地評価額の 30 %に相当する価額によって評価する。

(1) 不特定多数の者の通行の用に供する私道

公道から公道へ通り抜けできるなど、不特定多数の者が通行に利用している私道は評価しません。これは、私道に対し所有権を有していたとしても、その公共性から第三者の通行を容認しなければならず、私道上への建築や私道の変更・廃止が制限されるためです。

通り抜けできない私道であっても、私道の先に地域の集会所や公園、商店街等があり、その私道を通行して不特定多数の者が出入りしている場合は評価の対象から除かれます。私道の一部に公共バスの停留所等が設けられている場合も同様です。

不特定多数の者の通行の用に供されているかどうかの判定に道路幅員や道路種別の明確な基準はなく、実際の利用状況によって判断します。また、路線価が設定されている場合は、原則として不特定多数の者が通行する道路と判断できます。

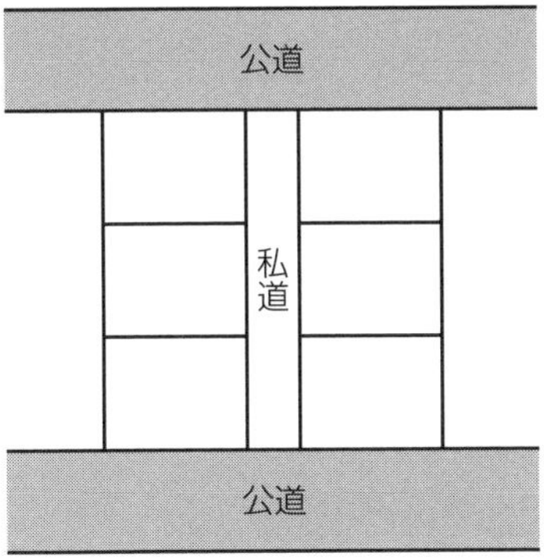

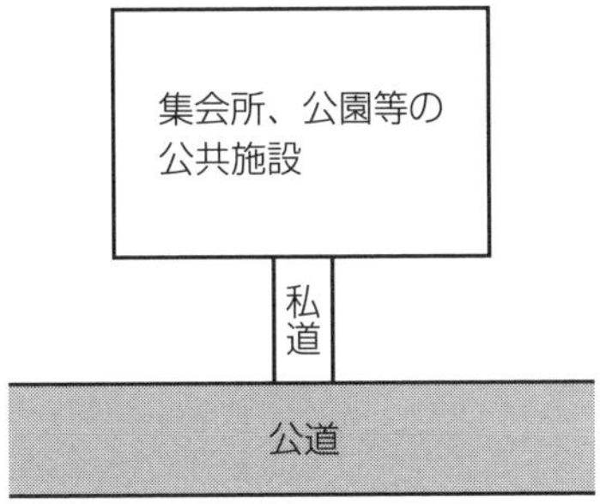

〈通り抜け私道〉

(2) 専ら特定の者の通行の用に供する私道

私道の先が行き止まりになっており、その私道に接面する宅地の所有者のみが通行に利用しているなど、専ら特定の者の通行の用に供されている私道は自用地価額の 30 %相当額で評価します。先述のゼロ評価の私道に対し、こちらは処分価値や利用価値が全くないとはいえないためです。

行き止まり私道は下図のような宅地分譲地でよくみられ、その所有形態に応じて下記のように評価されます。

接面する宅地の所有者が共有している	私道全体の評価額に共有持分を乗じて評価
区画数で分筆し、接面する宅地の所有者がそれぞれ所有権を持っている	私道全体の評価額を評価対象地（私道）の地積で按分計算して評価

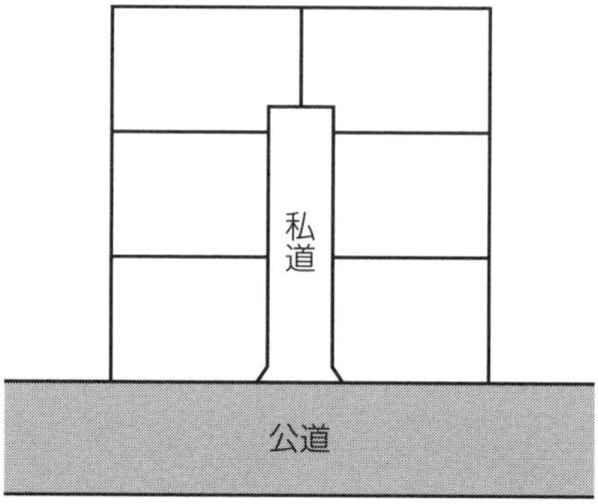

〈行き止まり私道〉

下図のように起点と終点が同一の公道に接している私道は、通り抜けられるとはいえ、実際に利用するのは接面する宅地の所有者だけと考えられます。したがってゼロ評価ではなく、30％相当額での評価と判断されることが一般的です。

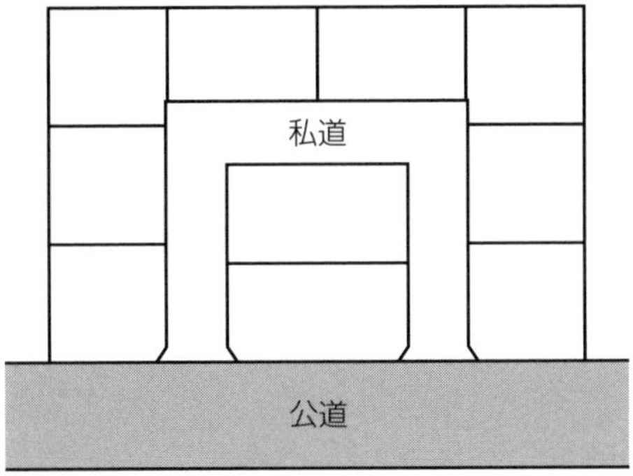

私道が貸宅地内にあって貸宅地と一体で利用されている場合は、原則として30％評価ののちに借地権等の価額を控除して評価します。同様に、貸家や賃貸アパートの敷地と一体で利用されている場合は30％評価ののちに貸家建付地補正を入れて評価します。

3　現地調査のポイント

(1) 宅地造成の必要性

私道の評価は原則として宅地化を前提としたものであるため、私道を宅地化するための整地等が必要とされる場合は、それらにかかる造成費を評価額から控除できます。現地調査では、宅地造成の必要性という観点から、舗装の状況（砂利敷き等）や地面の凹凸・傾斜等の有無を確認しましょう。

(2) 私道の範囲

間口や奥行距離から私道の地積を測定します。境界が明瞭でないものは、相続人や道路利用者への聞き取りを合わせて行い、塀などの周辺物を参考に数パターン測定しておきます。その他、簡易測量については56～61ページも参考にしてください。

(3) 私道に該当するかどうか（敷地延長・敷地内通路）

自己の通行の用にのみ使用している通路は財産評価上の私道にはあたらず、宅地の一部として評価します。

旗竿地における敷地延長部分（間口の狭い路地状の土地の奥に有効宅地がある場合の路地状部分）は通路の形状をしていますが宅地の一部であり、私道としての評価は行いません。例えば下図において、土地Aの所有者が専用利用している路地状敷地A'は、Aと一体の宅地として評価します。中には、各々の路地状敷地を宅地所有者が互いに協定を結んで使用しているケース（協定通路）もあり、これも敷地延長に該当します。

路地状敷地の多くは、公道・私道と同様にアスファルトやコンクリート舗装がされており、現実には下図B'との間に区切り線があるわけではないので、私道と見分けがつきにくいことがあります。

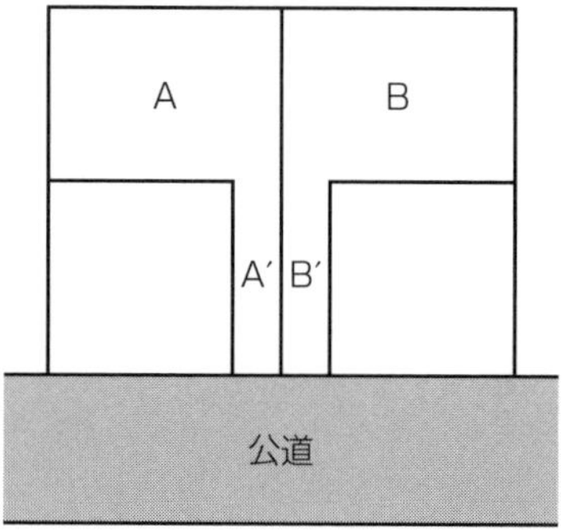

同様に私道と紛らわしいものに敷地内通路があります。これも宅地所有者の専用利用である場合は私道としての評価は行いません。

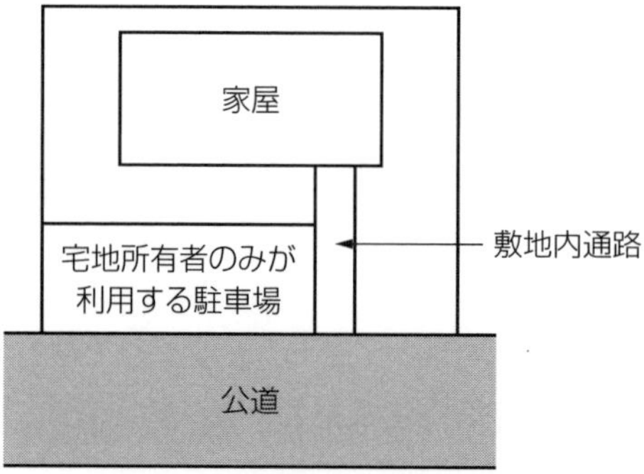

いずれも外観上は私道とほとんど区別がつきません。道路利用者が誰なのか、通

行権等の取り決めが交わされているか等について相続人に聞き取りを行うほか、外観上道路としての形状が認められるか、利用者や通行時間に制限が設けられていないか、所有者の私有物が置かれていないか等を現地にて確認します。また、後述する役所調査（固定資産税の課税状況や分筆状況、建築基準法上の道路種別等の調査）も有効です。

〈私道なのか敷地延長なのか紛らわしい宅地〉

4　役所調査のポイント

(1) 名寄帳（28 ページ）

相続不動産のリストアップの際には固定資産税課税明細書を参照することが一般的ですが、行き止まり私道を含め一定の公衆用の私道には固定資産税が課税されず、その場合、課税明細書に記載されません。相続人もその存在や権利関係を十分把握していないことが多く、私道は遺産分割や相続税申告から漏れやすい財産です。

私道の存在を漏れなく把握するには名寄帳が有効です。市町村の資産税課等で交付を受けることができ、第三者が請求する場合は相続人の委任状等が必要となります。

名寄帳には、固定資産税の課税・非課税にかかわらず、その市町村内に1月1日時点で所有するすべての不動産が記載されます。ただし、共有名義の不動産は別個になっている場合があります。申し出なければ交付されないことがあるので、請求の際は必ずその取扱いを確認するようにしましょう。

(2) 登記事項証明書・公図（20、22ページ）

宅地開発において新たに私道が設置される場合、通常は私道部分が分筆され、公図に地番が表示されます。地目は「公衆用道路」とされるのが一般的ですが、「宅地」となっていることもあります。「公衆用道路」であっても通り抜け私道（評価対象外）なのか行き止まり私道（30％評価）なのかの判別はつかないので、いずれにせよ地目は参考にとどめ、現況により評価方法を判定します。

登記地積は課税地積や実測地積とは一致しないことがあるため、それらと照合した上で参考とします。また、私道が共有となっている場合は被相続人の共有持分を確認します。

公図上、旗竿地状の形状をしていれば私道ではなく敷地延長だろうと推定することができますが、確実ではないので他の資料も参照した上で判断します。

特に既存の私道には分筆されていないものが多くあります。私道の減額漏れが発生しやすいため、現地調査と役所調査を両方行って可能性を検証することが重要となります。

(3) 建築基準法上の道路種別および各図面

建築基準法42条における道路種別（14ページ）のうち、1項5号（位置指定道路）は基本的に私道に該当します。1項2号（開発道路）、1項3号（既存道路）、2項（2項道路）は私道・公道の両方が含まれます。

公道に比べ私道は公的な資料が少なく、道路延長や幅員、境界等の把握がやや困難です。しかし、資料が全くないわけではありません。私道の道路種別を確認し、それに応じて建築指導課、開発審査課、道路課等で図面を収集していきます。

2項道路に接面している宅地の評価にあたっては「セットバックを必要とする宅地の評価」（138ページ）を適用します。

①位置指定道路図面・調書

位置指定道路（15ページ）を設置するにあたり作成される図面および調書で、指定道路の延長や幅員等が記載されています。公道を扱う道路課ではなく、建築許可等を取り扱う建築指導課等に備え付けられるのが一般的です。同課で対象土地が位置指定道路にあたるかどうかの確認をとり、該当していれば写しを取得します。

現地での計測結果と照らし合わせて境界位置や幅員等を確認します。なお、指定から年月が経過している場合などに現況が図面と異なっている可能性があることを念頭に置いておきましょう。

〈位置指定道路図面〉

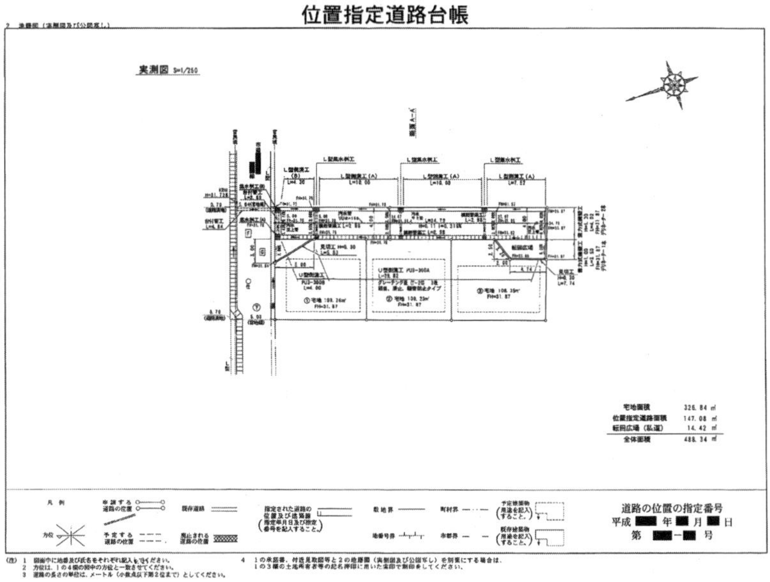

②開発登録簿（33 ページ）

開発許可の概要を記載した調書・図面で、土地利用計画図（36 ページ）から開発道路の状況を知ることができます。開発道路は通常、設置後に市などに移管され公道となりますが、規模等によっては開発業者や分譲地購入者が私道として管理することもあります。

開発道路の確認や図面の写しの取得は開発審査課等で行います。

③建築計画概要書（37 ページ）

建築確認申請時に提出された建築物の概要を記載した書類で、配置図（39 ページ）から接面道路（公道・私道を問いません）の道路幅員やセットバックした場合の後退線等を知ることができます。完了検査を受けているかどうか（計画通りに建築されたかどうか）も念のため確認しましょう。これらは建築指導課等で取り扱われています。

なお、建築計画概要書は自治体により保存期間が異なることがあるため、建築年が古い場合は特に、保存されているか事前に電話等で確認するのが確実です。調査対象物件の概要書がない場合、周辺建物の概要書が参考になることもあります。

④境界確定図

境界確定測量により作成された正しい境界が記載された図面です。官有地と民有地との境界確定（官民査定）の場合、境界確定図が道路課等に保存されていることがあります。

〈境界確定図〉

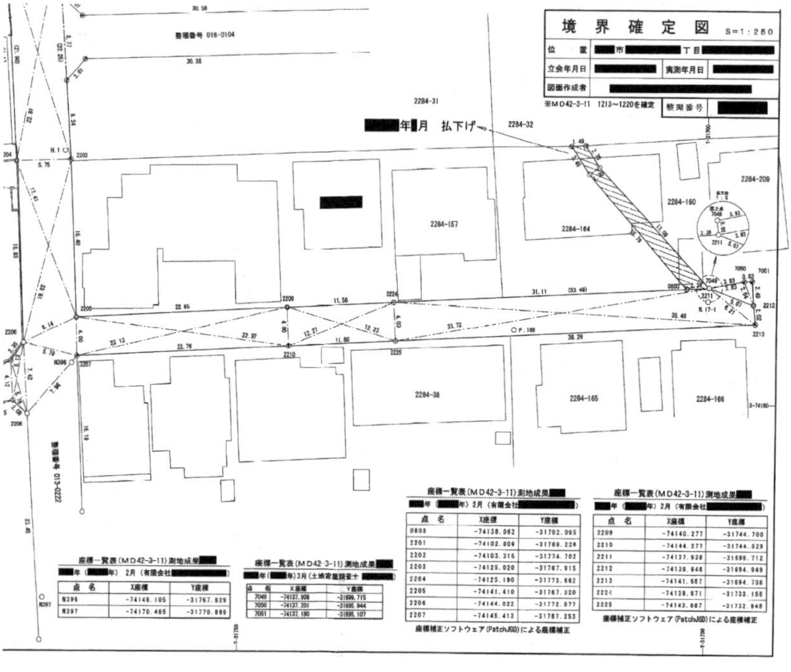

座標一覧表（MD42-3-11）測地成果[redacted]
[redacted]年（[redacted]年）2月（有限会社[redacted]）

点　名	X座標	Y座標
N396	-74146.105	-31767.829
N397	-74170.465	-31770.889

座標一覧表（MD42-3-11）測地成果[redacted]
[redacted]年（[redacted]年）3月（土地家屋調査士 [redacted]）

点　名	X座標	Y座標
7049	-74137.908	-31699.715
7050	-74137.201	-31695.944
7051	-74137.180	-31695.107

座標一覧表（MD42-3-11）測地成果[redacted]
[redacted]年（[redacted]年）2月（有限会社[redacted]）

点　名	X座標	Y座標
0803	-74138.062	-31702.095
2201	-74102.809	-31769.228
2202	-74103.315	-31774.702
2203	-74125.020	-31767.915
2204	-74125.190	-31773.662
2205	-74141.410	-31767.320
2206	-74144.022	-31772.877
2207	-74145.413	-31767.253

座標補正ソフトウェア（PatchJGD）による座標補正

座標一覧表（MD42-3-11）測地成果[redacted]
[redacted]年（[redacted]年）2月（有限会社[redacted]）

点　名	X座標	Y座標
2209	-74140.277	-31744.700
2210	-74144.277	-31744.529
2211	-74137.938	-31699.712
2212	-74139.648	-31694.949
2213	-74141.657	-31694.738
2224	-74139.671	-31733.155
2225	-74143.667	-31732.945

座標補正ソフトウェア（PatchJGD）による座標補正

⑤道路台帳平面図（40 ページ）

自治体が管理する道路の位置や延長、幅員等が記載された図面です。道路台帳、道路査定図、道路図面、道路幅員図、道路査定台帳等、名称は異なる場合があります。

5　私道のみに接する宅地の評価（特定路線価）

行き止まり私道には通常、路線価が設定されません。路線価地域内において路線価の設定されていない道路のみに接している宅地を評価する必要がある場合には、税務署への申出により特定路線価の設定を受けることができます。ただし、特定の者が専用利用している通路や、建築基準法上の道路でない道路には設定されないのが一般的です。

下図において、特定路線価は土地 B、C、D、E を評価するために用います。土地 A、F は公道に設定された路線価を用いて評価し、このとき、特定路線価に基づく側方路線影響加算を考慮する必要はありません。

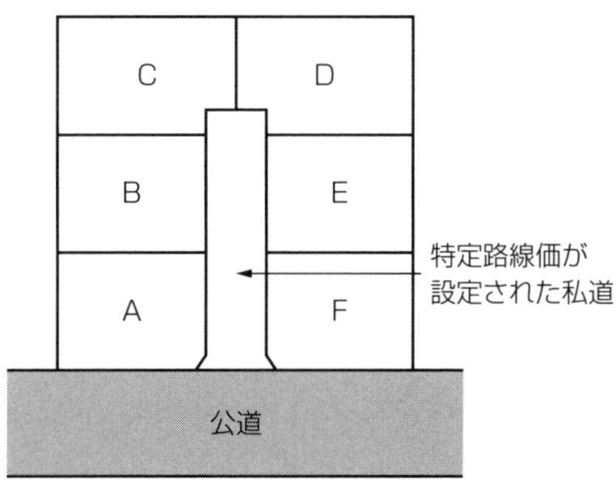

特定路線価設定申出書には、所在地や道路の状況（幅員・奥行、舗装状況、こう配、上下水道・ガス管の敷設の有無等）を記載した明細書、物件案内図や写真等の資料を添付する必要がありますので、現地・役所に行く前に調査事項を確認します。

また、申請できるのはその年の路線価が公開されてからです（路線価は毎年 7 月に公開）。回答まで 1 か月程度の期間を要しますので、余裕を持って申請しましょう。

〈特定路線価設定申出書〉

整理簿
※

税務署受付印

平成
令和＿＿年分　特定路線価設定申出書

※印欄は記入しないでください。

＿＿＿＿＿＿＿＿税務署長

令和＿＿年＿＿月＿＿日　　　申 出 者（納税義務者）　〒
住所(所在地)＿＿＿＿＿＿＿＿＿＿＿＿＿＿＿＿

氏名(名称)＿＿＿＿＿＿＿＿＿＿＿＿＿＿＿

職業(業種)＿＿＿＿＿＿　電話番号＿＿＿＿＿＿＿

相続税等の申告のため、路線価の設定されていない道路のみに接している土地等を評価する必要があるので、特定路線価の設定について、次のとおり申し出ます。

1　特定路線価の設定を必要とする理由	□　相続税申告のため（相続開始日＿＿＿年＿＿月＿＿日） 被相続人（住所＿＿＿＿＿＿＿＿＿＿＿＿＿ 氏名＿＿＿＿＿＿＿＿＿＿＿＿＿ 職業＿＿＿＿＿＿＿＿＿＿） □　贈与税申告のため（受贈日＿＿＿年＿＿月＿＿日）
2　評価する土地等及び特定路線価を設定する道路の所在地、状況等	「別紙　特定路線価により評価する土地等及び特定路線価を設定する道路の所在地、状況等の明細書」のとおり
3　添付資料	(1)　物件案内図（住宅地図の写し） (2)　地形図(公図、実測図の写し) (3)　写真　　撮影日＿＿＿年＿＿月＿＿日 (4)　その他（　　　　　　　　　）
4　連絡先	〒 住　所＿＿＿＿＿＿＿＿＿＿＿＿＿＿＿ 氏　名＿＿＿＿＿＿＿＿＿＿＿＿＿＿＿ 職　業＿＿＿＿＿＿＿＿電話番号＿＿＿＿＿＿
5　送付先	□　申出者に送付 □　連絡先に送付

＊　□欄には、該当するものにレ点を付してください。

（資９－29－Ａ４統一）

〈別紙　特定路線価により評価する土地等及び特定路線価を設定する道路の所在地、状況等の明細書〉

別紙　特定路線価により評価する土地等及び特定路線価を設定する道路の所在地、状況等の明細書

土地等の所在地 （住居表示）	〔　　〕	〔　　〕
土地等の利用者名、 利用状況及び地積	（利用者名） （利用状況）　　㎡	（利用者名） （利用状況）　　㎡
道路の所在地		
道路の幅員及び奥行	（幅員）　m　（奥行）　m	（幅員）　m　（奥行）　m
舗装の状況	□舗装済　・　□未舗装	□舗装済　・　□未舗装
道路の連続性	□通抜け可能 （□車の進入可能・□不可能） □行止まり （□車の進入可能・□不可能）	□通抜け可能 （□車の進入可能・□不可能） □行止まり （□車の進入可能・□不可能）
道路のこう配	度	度
上　水　道	□有 □無（□引込み可能・□不可能）	□有 □無（□引込み可能・□不可能）
下　水　道	□有 □無（□引込み可能・□不可能）	□有 □無（□引込み可能・□不可能）
都　市　ガ　ス	□有 □無（□引込み可能・□不可能）	□有 □無（□引込み可能・□不可能）
用途地域等の制限	（　　）地域 建蔽率（　　）％ 容積率（　　）％	（　　）地域 建蔽率（　　）％ 容積率（　　）％
その他（参考事項）		

（資9－30－A4統一）

特定路線価は必ず設定しなければならないものではなく、宅地と私道を一体の不整形地（旗竿地）として評価することも可能です。特定路線価を用いた評価に比べ評価額を低く抑えられる傾向がありますが、周辺の土地に比べ著しく評価額が低い、奥行距離が極端に長いなど、不合理と判断されると特定路線価を用いた評価に改めるよう求められる可能性があります。

特定路線価の設定を受けると、その道路に接面する宅地は特定路線価を使って評価しなければなりません。設定を受けた以上、前述の私道との一体評価は行えませんので、各種の評価方法を検討することをおすすめします。

なお、この取扱いは特定路線価の設定を受けた道路に接面する宅地についてのものであり、私道自体はその特定路線価を用いた評価と、私道が接する道路の路線価を用いた評価とで、いずれか評価額の低い方を選択することができます。

・私道の特定路線価 × 30％ × 地積
・私道が接する道路の路線価 × 奥行価格補正等の各種補正 × 30％ × 地積

6　事例

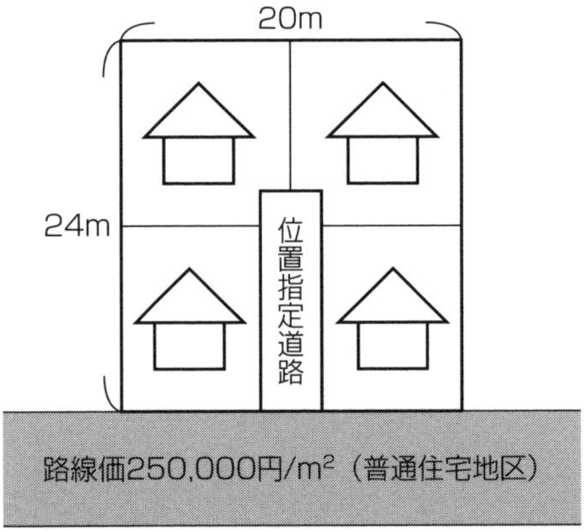

※隅切りは省略しています

〈土地の状況〉
・一筆の宅地に複数の貸家が建っている（満室）
・位置指定道路が敷設されている
・借地権割合 60％、借家権割合 30％の地域

評価単位の原則に従い、各貸家敷地および私道に区分し評価する。また、位置指定道路に特定路線価の設定は受けないこととする。

〈私道の評価〉

250,000円／m^2 × 1.0（奥行価格補正率）＝250,000円／m^2

250,000円／m^2 × 0.94（間口狭小補正率）× 0.96（奥行長大補正率）

＝225,600円／m^2

225,600円／m^2 × 0.3（私道）＝67,680円／m^2

67,680円／m^2 × 56m^2 ＝3,790,080円

3,790,080円 ×（1 − 0.6 × 0.3）＝3,107,865円

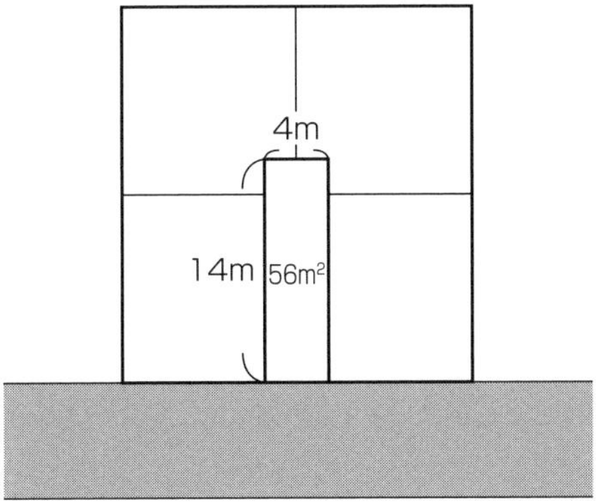

6 土地区画整理事業施行中の宅地の評価

1　財産評価基本通達

〈財産評価基本通達 24-2（土地区画整理事業施行中の宅地の評価）〉

土地区画整理事業（土地区画整理法（昭和 29 年法律第 119 号）第 2 条《定義》第 1 項又は第 2 項に規定する土地区画整理事業をいう。）の施行地区内にある宅地について同法第 98 条《仮換地の指定》の規定に基づき仮換地が指定されている場合におけるその宅地の価額は、11《評価の方式》から 21-2《倍率方式による評価》まで及び前項の定めにより計算したその仮換地の価額に相当する価額によって評価する。

ただし、その仮換地の造成工事が施工中で、当該工事が完了するまでの期間が 1 年を超えると見込まれる場合の仮換地の価額に相当する価額は、その仮換地について造成工事が完了したものとして、本文の定めにより評価した価額の 100 分の 95 に相当する金額によって評価する。

（注）　仮換地が指定されている場合であっても、次の事項のいずれにも該当するときには、従前の宅地の価額により評価する。

1　土地区画整理法第 99 条（(仮換地の指定の効果)）第 2 項の規定により、仮換地について使用又は収益を開始する日を別に定めるとされているため、当該仮換地について使用又は収益を開始することができないこと。

2　仮換地の造成工事が行われていないこと。

2　評価の概要

土地区画整理事業とは、道路や公園等の整備が未発達な区域において、土地の区画を整え公共施設の整備改善や宅地利用の増進を図る事業をいいます。都道府県や市区町村のほか、個人の土地所有者や土地区画整理組合、土地区画整理会社等が都道府県知事等の認可を得て施行する場合もあります。

施行地区内の土地は区画整理後の新しい土地に換地されます。換地は、位置、地積、土質、水利、利用状況、環境等が従前の宅地と照応するように定められます。なお、区画が整うと宅地の価値が上がることから、施行者はその分、地権者から土地の一部の提供を受け、公共用地や事業費捻出のための保留地に充てることとなります。このように、従前地から換地に移行した際に土地面積が減少することを減歩といいます。

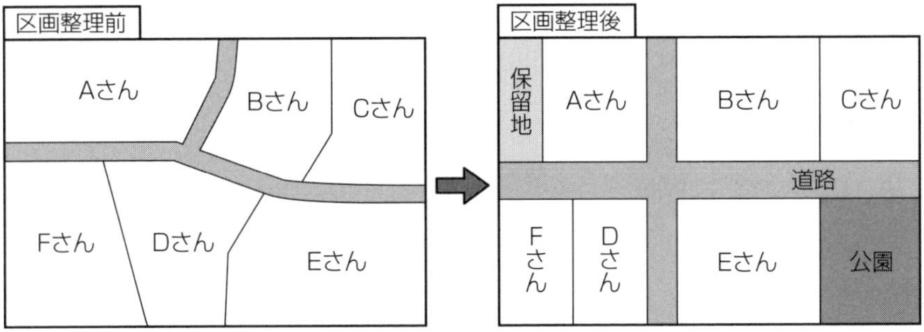

土地区画整理事業の一般的な流れは次頁の図の通りです。工事が完了し、換地処分が公告されると、従前地の所有権等は換地に移転します（次頁図の⑦）。換地として取得されるべき権利面積と実際の換地面積に不均衡がある場合は、清算金が徴収または交付されます（次頁図の⑨）。

換地処分はすべての工事が終了した後に行われるのが一般的ですが、事業開始から換地処分に至るまでには長期間を要するため、先に工事が終わった土地から仮換地の指定が行われます（次頁図の⑤）。仮換地の指定がなされると、従前地に対する使用収益権は停止され、代わりに仮換地の使用収益権を取得します。通常、仮換地指定の効力発生日と使用収益開始日は同じとなりますが、使用収益開始日が別途定められることもあります。

評価対象地が土地区画整理事業の施行地区内にある場合、課税時期において事業がどの段階にあったかによって評価の方法が変わるため、進捗状況を適切に把握することが調査の主眼となります。

〈土地区画整理事業の流れの一例〉

① 地元住民とのまちづくり案の検討

↓

② 都市計画決定（個人・組合施行についても都市計画事業の場合には都市計画決定手続を要する）

↓

③ 施行規程・定款・事業計画の決定

↓

④ 土地区画整理審議会・総会の設置

↓

⑤ **仮換地指定**（換地とされる土地の位置・範囲を指定）

↓

⑥ 建物移転、工事

↓

⑦ **換地処分**（従前の宅地上の権利が換地上に移行、清算金の確定）

↓

⑧ 土地・建物の登記

↓

⑨ 清算金の徴収・交付

↓

⑩ 事業の完了

(1) 土地区画整理事業の開始から仮換地指定まで

地域住民との協議を経て土地区画整理事業の事業計画が決定されます。以後、仮換地の指定があるまで（仮換地の指定がない場合は換地処分まで）は、従前地の価額で評価します。

(2) 仮換地指定から換地処分まで

評価対象地に仮換地が指定されている場合、その宅地の評価額は、仮換地の価額で評価します。仮換地の造成工事が施行中で、その工事が完了するまでの期間が1年を超えると見込まれる場合は、造成工事が完了したものとして評価した価額の95％評価（5％控除）となります。ただし、仮換地が指定されている場合であっても、使用収益開始日が別に定められており、かつ仮換地の造成工事前である場合は、従前地の価額で評価します。

土地区画整理事業が施行されている間は、路線価図に路線価が記されておらず、「個別評価」と記載されていることがあります。このようなときは、管轄の税務署に個別評価申出書を提出し、1 m^2 当たりの単価の設定を受ける必要があります。

なお実務では、相続開始時において清算金の徴収または交付が確実と見込まれる場合は、徴収額は仮換地の価額から控除、交付額は加算して評価します。

〈個別評価申出書〉

整理簿
※

※印欄は記入しないでください。

税務署受付印

平成
令和______年分　　個別評価申出書

______________税務署長

〒

令和____年____月____日

申　出　者　住所(所在地)______________________________
（納税義務者）

氏名（名称）______________________________

職業（業種）______________電話番号______________

相続税等の申告のため、財産評価基準書に「個別評価」と表示されている土地等を評価する必要があるので、次のとおり申し出ます。

1　個別評価を必要とする理由	□　**相続税申告のため** 相続開始年月日　________年____月____日 被相続人（住所______________________________ 氏名______________________________ 職業______________________） □　**贈与税申告のため** 受贈年月日　________年____月____日
2　個別評価する土地等の所在地、状況等	「別紙１　個別評価により評価する土地等の所在地、状況等の明細書」のとおり
3　添付資料	「別紙２　個別評価申出書添付資料一覧表」のとおり
4　連絡先	〒 住　所______________________________ 氏　名______________________________ 職　業______________電話番号______________
5　送付先	□　申出者に送付 □　連絡先に送付

※　□欄には、該当するものにレ点を付してください。

（国税庁ホームページより）

(3)　換地処分後

工事が完了し各地権者に換地処分の内容が通知されると、都道府県知事等により換地処分の公告が行われます。公告の翌日より、従前地に有していた権利関係は本換地に移行します。これ以後は本換地の価額で評価します。

〈土地区画整理事業施行中の宅地の評価フローチャート〉

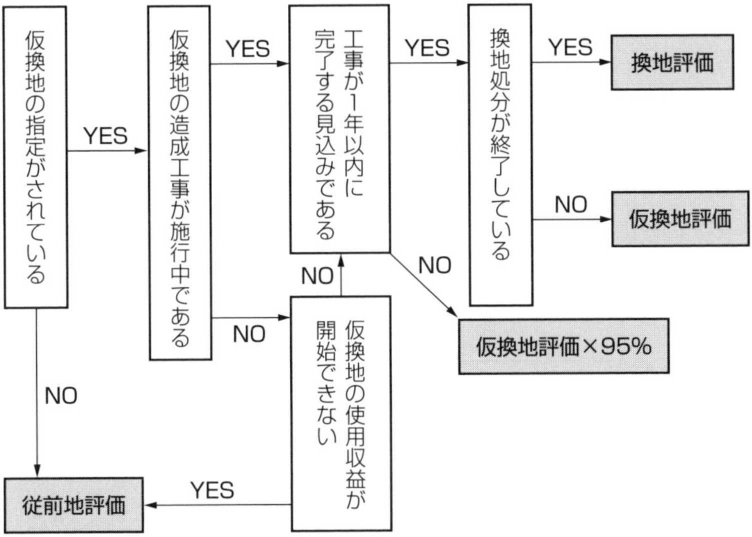

3　現地調査のポイント

(1)　相続人へのヒアリング

評価対象地の所有者（相続人）から事業に関する書類を入手し、従前地および仮換地の位置等を把握します。仮換地位置図や明細図は役所調査で入手することもあります。

また、工事は逐次進行しているため、調査時点と相続開始時点とで状況が異なる可能性があります。所有者に相続開始時の利用状況（使用収益の状況）をヒアリングしましょう。

〈土地区画整理事業の関係書類（名称は施行者により異なる）〉

・　仮換地指定通知…従前地および仮換地の位置や地積等が記載された書面。

・　仮換地の使用収益開始日の通知…仮換地の使用収益開始日が指定日と別に定められている場合に交付される書面。

・　仮換地位置図、仮換地案内図（重ね図）…従前地と仮換地を重ね合わせた図面。

・　仮換地明細図、仮換地指定図…仮換地の図面。これを用いて間口や奥行を測定する。

・　従前地の公図等

〈仮換地指定通知〉

[redacted] 第 [redacted] 号
平 成[redacted]年[redacted]月[redacted]日

番 号	[redacted]

[redacted] 様

[redacted]広域都市計画事業
[redacted]土地区画整理事業

施行者 [redacted]市

代表者 [redacted]市長 [redacted]

仮 換 地 指 定 通 知

[redacted]広域都市計画事業
[redacted]土地区画整理事業　施行地区内のあなたが所有する宅地について、土地区画整理法第９８条第１項の規定により、下記のとおり仮換地を指定します。

よって、同法同条第４項及び第９９条第２項の規定により通知します。

記

従前の宅地					仮換地				摘要
[redacted] 市 町名	地番	地目	登記地積 ㎡	基準地積 ㎡	街区番号	画地番号	位置	地積 ㎡ （約）	
[redacted]	の一部 912-5	畑	304	304.00	12	14	添付図面のとおり	258	(B)
[redacted]	の一部 912-5	畑	423	423.00	6	1	同上	339	(A)
[redacted] [redacted]	912-7 978-1	雑種地 畑	11 76	11.00 85.50	6	2	同上	66	
[redacted]	979-1	畑	2036	2290.50	6	3	同上	1542	
		以下余白							

仮換地指定の効力発生の日	平成[redacted]年[redacted]月[redacted]日
仮換地について使用し、または収益を開始することができる日	別に定めて通知します。

注 意

1．この通知書記載の「仮換地の指定の効力発生の日」から従前の宅地については、使用し、または収益することができません。
2．別に通知する「仮換地について使用し、または収益を開始することができる日」までは仮換地を使用し、または収益することができません。
3．仮換地の地積は、わずかの差異を生ずる場合があります。
4．この通知について不服があるときは、この通知を知った日の翌日から起算して６０日以内に[redacted]県知事に審査請求をすることができます。（審査請求書の記載事項は、行政不服審査法第１５条に規定されています。）

〈仮換地位置図〉

[redacted]広域都市計画事業
[redacted]土地区画整理事業

第　6　街区　仮換地位置図　　S = 1 : 500

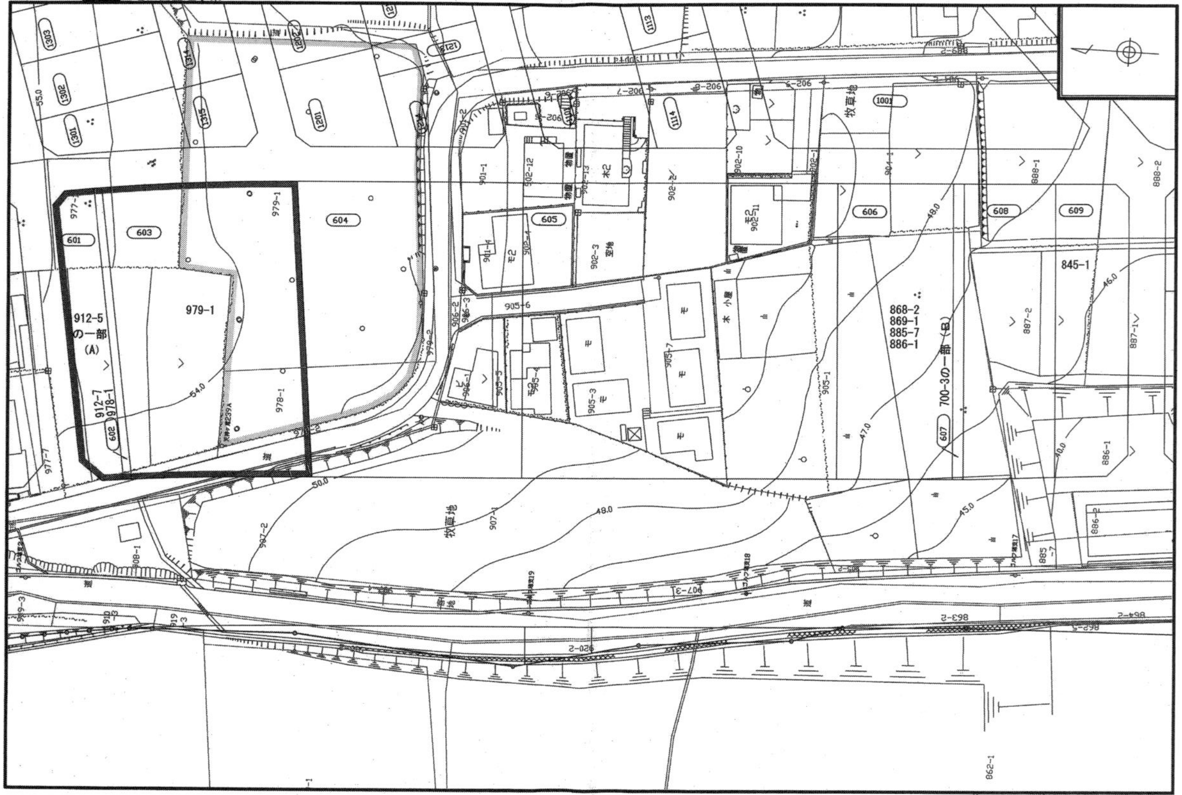

黄・・・・従前地　赤・・・・仮換地

〈仮換地案内図〉

〈仮換地明細図〉

[redacted]広域都市計画事業
[redacted]土地区画整理事業

第　１２　街区　仮換地明細図　　S ＝ 1 : 500

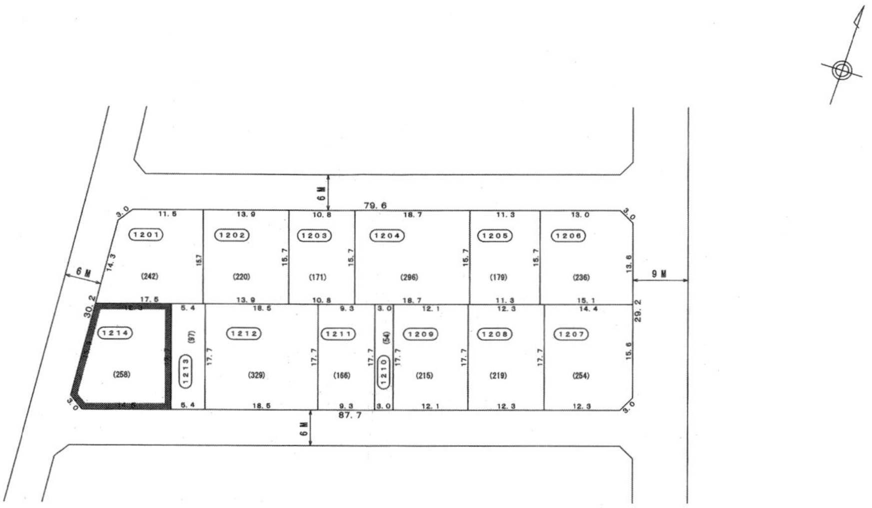

(2) 現地調査

仮換地位置図（重ね図）や仮換地明細図を参考に、従前地および仮換地の位置関係を確認します。同時に、区画街路の整備状況、仮換地の造成工事の進捗状況等についても確認しておきましょう。ただし前述の通り、相続開始時点の現況とは異なる可能性があることに注意してください。

〈土地区画整理事業施行中の土地〉

4 役所調査のポイント

土地区画整理事業は都道府県や市区町村等の公的機関のほか、民間の土地区画整理組合や土地区画整理会社、土地所有者個人が実施する場合もあります。調査の窓口は施行者によって異なり、自治体の役所とは別の場所に事務所が設けられていることもあります。

役所調査では、相続開始時点での事業の進捗状況を確認し、評価に必要な図面・資料等を収集します。土地区画整理事業の調査に限りませんが、個人情報を取り扱う上で委任状の提出を求められることが多いため、相続人から取得しておくようにしましょう。

土地区画整理事業を取り扱う窓口（一例）

・区画整理課　・都市計画課　・管理課　・まちづくり推進課　・市街地整備課　・都市整備課　・地域整備推進課　・市街地整備調整課　・路政課　・開発指導課　・建築開発審査課　・まちづくり事務所等

(1)　仮換地指定の有無、指定日等

評価対象地に仮換地が指定されているかどうか、指定されている場合はその指定日、所在地等を聴取します。仮換地の所在は「A20 街区 17 画地」などと新しく定められることが一般的です。

また、仮換地位置図（重ね図）や仮換地明細図等を取得します。仮換地位置図は従前地と仮換地を重ねて表示したもので、これにより両者の位置関係を把握します。仮換地明細図は仮換地の形状や地積を表示したもので、この図面上の地型に基づいて間口・奥行・不整形の程度等を測定し、仮換地の評価を行います。

(2)　仮換地の使用収益開始の状況

仮換地指定後であっても、その仮換地に使用収益を開始することができない事情があるときは、仮換地指定日とは別に使用収益開始日が定められることがあります。使用収益開始日の前後で評価方法が変わってきますので、仮換地の使用収益が開始されているかどうかを確認し、その開始日または開始予定日を聴取します。

(3)　造成工事の進捗状況

相続開始時点における仮換地の造成工事の進捗状況を確認します。工事完了まで

1年超かかる見込みであるときは95％評価となりますので、施行中の場合は工事の完了予定も確認します。なお、事業全体の工事完了予定が1年より先であっても、評価の対象となる仮換地の工事が完了しているときは95％評価を適用できません。

(4) 清算金の有無

換地処分により徴収または交付される清算金の有無および金額を確認します。相続開始時点で徴収または交付が確実と見込まれるものがある場合、徴収される額は仮換地の価額から控除、交付される額は加算して評価します。

7 セットバックを必要とする宅地の評価

1　財産評価基本通達

〈財産評価基本通達24-6（セットバックを必要とする宅地の評価）〉

建築基準法第42条（(道路の定義)）第2項に規定する道路に面しており、将来、建物の建替え時等に同法の規定に基づき道路敷きとして提供しなければならない部分を有する宅地の価額は、その宅地について道路敷きとして提供する必要がないものとした場合の価額から、その価額に次の算式により計算した割合を乗じて計算した金額を控除した価額によって評価する。

（算式）

$$\frac{\text{将来、建物の建替え時等に道路敷きとして提供しなければならない部分の地積}}{\text{宅地の総地積}} \times 0.7$$

2　評価の概要

建築基準法42条2項に規定される道路（16ページ）に接する土地が、4ｍの道路幅員を確保するために道路との境界を土地側に後退することをセットバックといいます。

〈建築基準法42条2項〉

都市計画区域若しくは準都市計画区域の指定若しくは変更又は第六十八条の九第一項の規定に基づく条例の制定若しくは改正によりこの章の規定が適用されるに至った際現に建築物が立ち並んでいる幅員四メートル未満の道で、特定行政庁の指定したものは、前項の規定にかかわらず、同項の道路とみなし、その中心線からの水平距離二メートル（同項の規定により指定された区域内においては、三メートル（特定行政庁が周囲の状況により避難及び通行の安全上支障がないと認める場合は、二メートル）。以下この項及び次項において同じ。）の線をその道路の境界線とみなす。ただし、当該道がその中心線からの水平距離二メートル未満で崖地、川、線路敷地その他これらに類するものに沿う場合においては、当該崖地等の道の側の境界線及びその境界線から道の側に水平距離四メートルの線をその道路の境界線とみなす。

建築基準法42条では道路を原則として幅員4m以上のものと規定しており、同条に定める道路を建築基準法上の道路（14ページ）といいます。土地に建築物を建てるためには、原則として建築基準法上の道路に2m以上接道する必要があります（都市計画区域外を除く）。

しかし、同条2項では、この規定が適用される以前から建築物が建ち並んでいる幅員4m未満の道路で特定行政庁の指定したものについては、建築基準法上の道路とみなすこととしています。これが「42条2項道路」と呼ばれるもので、原則としてその中心線から2mの線を宅地との境界線とみなします。

42条2項道路に接する土地で建物の建て替えや増改築をするときは、道路幅員が4mとなるように、原則として道路の中心線から両側に2mずつ後退した線までを道路敷きとして提供しなければなりません（セットバック）。なお、片側が河川やがけ地等で物理的に後退できないときは、反対側の土地の境界から評価対象地側へ4mの一方後退をします。

セットバックの対象となる部分の土地は、現在の利用には支障がなくても将来的に建物が建てられないことから、その財産的価値はセットバックが必要でない土地に比べて減少します。したがって、セットバック部分は評価額の7割相当を控除して評価します。

セットバック地積の算出は三斜求積によるほか、CADソフトを用いると便利です。また、間口距離に後退幅員を乗じて簡便的に算出する場合もあります。

＜原則（一般の場合）＞

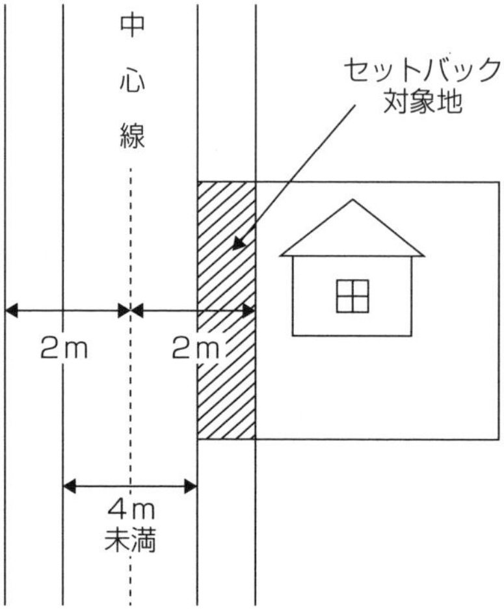

＜例外（水路，がけ等がある場合）＞

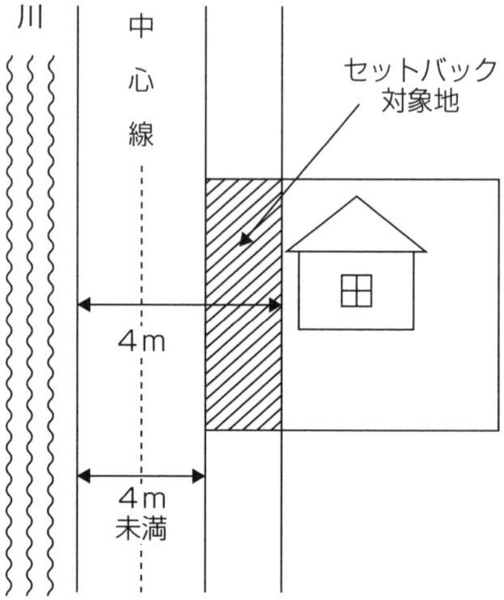

3　現地調査のポイント

(1)　道路幅員

評価対象地が接する道路の現況幅員を測定し、4 m 未満であれば 42 条 2 項道路に該当する可能性があります。幅員は役所調査時に道路台帳等で確認することもできますが、必ずしも最新の道路整備状況が反映されているとは限りません。現況幅員と異なることがありますので、現地での測定も必須です。

また、評価対象地の周辺の土地の状況から 2 項道路であることが推察できることもあります。例えば、同じ路線（道路）沿いにある比較的新しい建物の敷地だけ道路から奥に後退しているのがわかりやすい例です。

〈2 項道路〉

(2)　セットバック状況および後退幅員

道路幅員が４ｍ未満である場合や、明瞭ではないが２項道路と思われる場合、または先に役所調査で２項道路であることが判明している場合は、評価対象地がセットバックを済ませているかどうかを確認します。

①　セットバックが未済の場合

評価対象地のセットバックが完了していないときは、どれくらいの道路後退が必要なのかを調べます。評価対象地の隣接地や向かいの土地等、周辺にセットバックしている土地があれば、参考としてその後退幅員を測定します。

〈後退幅員の測定〉

対面の土地のセットバックが完了している場合は、道路中心の位置を見誤らないよう注意してください。なお、周辺ですでにセットバックが行われていると、道路に道路中心を表す鋲が打たれていることもあります。

評価対象地の反対側が河川やがけ、線路敷等になっていて物理的に後退できない場合は評価対象地側に一方後退する必要がありますので、対面の土地の状況も確認します。

〈一方後退の例〉

② セットバックが完了している場合

セットバックが完了した部分の土地は通常、公衆用道路として課税対象になりませんが、中には分筆されておらず評価対象地の面積に含まれたままになっていることがあります。そのような場合は当該部分の利用状況により評価方法が異なりますので、利用状況を確認します。

セットバックが完了し不特定多数の者が通行できる状態にある場合は、当該部分の地積を課税対象から除外します。一方、特定の者の通行等に使用されている場合は、財産評価基本通達 24「私道の用に供されている宅地の評価」に基づき、自用地価額の 30 %相当額で評価します。

不特定多数の者の通行の用に供されているもの	評価しない
専ら特定の者の通行の用に供されているもの	自用地評価額の 30 %に相当する価額

4　役所調査のポイント

(1)　道路幅員

評価対象地が接面するすべての道路の種別および認定幅員、管理幅員等を調べます。担当窓口の名称は役所によって異なりますが、道路課や道路管理課等が一般的です。

なお、市区町村の役場では国道や県道の情報は取り扱っていません。別途、それらを取り扱う事務所（整備事務所や土木事務所等）で調べる必要があります。

①　公道（道路法上の道路）の場合

接面する道路が公道（道路法上の道路）であれば、窓口で道路台帳平面図等を閲覧し、その幅員を確認することができます。幅員の種類には、役所が公道として認定している幅員（認定幅員）や管理している幅員（管理幅員）等があり、場合によっては現況幅員も把握されていることがあります。その数字が何の幅員を示すのかを確認しましょう。

同時に、道路台帳平面図や区域線図等の写しを取得します。公道であり、かつ官民境界の査定が行われている場合は、境界確定図も入手できます。幅員を調べるための図面は役所によって名称が異なり、また種類も異なりますので、何を表す図面なのかを確認し、必要に応じて写しをもらいます。

後で見返したときに評価対象地の位置がわからなくなってしまうことがありますので、このときに鉛筆で印を付けておくことをお勧めします（添付資料として後から使用する可能性がありますので、消せるように鉛筆で書きます)。なお、台帳上の幅員はあくまでも図面上の数値にすぎず、現況と異なることも多いため、窓口で聴取した数値を現地調査の結果と照合する必要があります。

②　公道でない場合

調査対象の道路が道路法上の道路でない場合は、役所では幅員を把握していないのが通常ですので、現地で調査します。ただし、位置指定道路（15 ページ）であれば、私道であっても位置指定道路図面により幅員等を確認できる可能性があります。

(2)　建築基準法上の道路種別

道路幅員が 4 m 未満であるときは建築基準法上の道路種別を確認します。

道路種別を取り扱う窓口は幅員を管理している窓口とは異なることが多く、建築課や建築指導課といった建築関係の窓口であることが一般的です。なお、建築主事(※)のいない小規模な自治体では確認できません。別途、合同庁舎や土木事務所等で聴取します。

※　建築主事……建築物の建築等の確認を行う市町村または都道府県の職員のこと。都道府県や政令で指定する人口25万人以上の市においては必ず設置しなければならない。なお、建築主事のいる市町村の長や都道府県の知事を特定行政庁という。

(3)　セットバックの必要性および後退幅員

①　42条2項道路に該当する場合

評価対象地の接する道路の種別が42条2項道路であれば、セットバックを必要とする土地に該当する可能性があります。ただし、すでにセットバックが完了していることがありますので、2項道路であれば必ず該当するとは限りません。役所によっては2項道路沿いの土地のセットバック状況を把握していることがありますので聞いてみるとよいでしょう。

セットバックが必要と認められる場合、その後退幅員を調べます。一方後退や、条例等に基づき4m以上に拡幅しなければならないケース等もあるため、原則通り中心線からの2m後退が適用されるのか、それ以外なのかを調べます。

また、セットバック状況や後退幅員を把握する資料として建築確認申請時に提出される建築計画概要書も有用ですので、写しを取得するとよいでしょう。役所によっては写しの交付が不可のところもありますので、聴取内容を書き留めるか、公文書の開示請求を行います。評価対象地の建築計画概要書がない場合、同一路線上の土地のものがあれば後退幅員の参考になります。

〈建築確認および完了検査の状況について〉

建築基準法により、建築物の新築や増改築を行う際には建築確認を受けることが義務付けられています。土地に接する道路が2項道路に該当する場合、セットバックしなければ原則として建築確認を受けることができません。

したがって、比較的新しい建物が現に建っているならば、建築確認を受けていると考えられますので、セットバックも完了しているものと推察できます。

しかし、何らかの理由でセットバックしていないケースもありますので、それだけで判断せず建築確認の状況を調査すべきです。

評価対象地の建物が建築確認を受けているかどうかは、建物の所有者でなくとも窓口で照会することができます。また、建築計画概要書により建物の配置状況や後退幅員についても確認できます。

さらに、建築確認を受けた建物が計画通りに建てられたか、すなわち完了検査を受けているかどうかも確認します。完了検査を受けていなければ、実際にセットバックが済んでいるかどうかはわかりません。完了検査で問題がなければ検査済証が交付されています。

② 42条3項道路に該当する場合

建築基準法42条3項では、土地の状況により規定通りの拡幅がどうしても困難な場合、特定行政庁は建築審査会の同意を得て例外的に幅員2.7 m以上4 m未満の道路を指定することができるとしています。したがって、これに該当する場合は道路中心からの後退距離が1.35 m以上2 m未満となります。

③ 42条1項5号道路（位置指定道路）に該当する場合

42条1項5号道路とは特定行政庁からその位置の指定を受けて築造された道路で、位置指定道路とも呼ばれます。位置指定道路図面と現地の利用状況は一致するべきですが、実際には道路部分が宅地として利用されているケースもあります。このような場合は、原則として図面等に基づき位置指定道路を復原した上での道路後退が求められます。

④ 条例や地区計画等に基づくセットバックを必要とする場合

建築基準法に基づくセットバック以外にも、各行政庁の条例・地区計画等による細街路の拡幅事業や開発指導要綱等に則った宅地開発などが行われていることがあり、それらに基づく道路後退が求められる場合があります。後退すべき幅員や拘束力の程度（努力義務なのか、条例等に基づく義務なのか）を窓口で確認します。

5　事例

【机上調査】

公図を確認したところ、評価対象地と同一路線上に所在する土地において、土地と前面道路の間に細長い形状の筆が存在しているのが見て取れた。このことから、道路幅員の拡幅のために土地の一部を道路敷きとして提供し、当該部分を分筆したことが推察された。

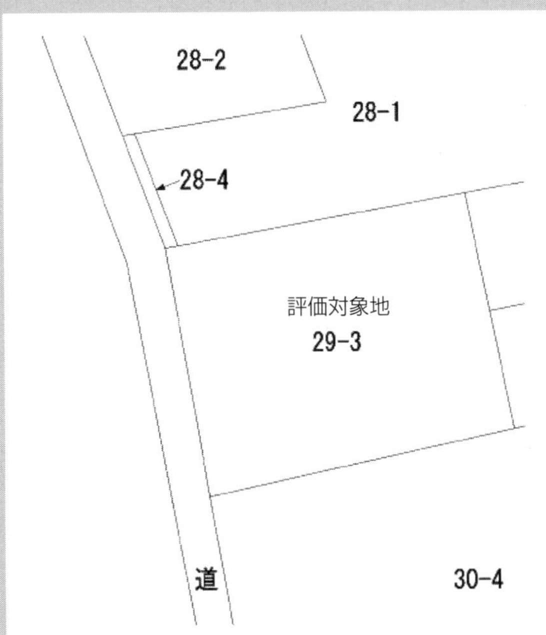

【現地調査】

現地で評価対象地の前面道路幅員を測定したところ3.5ｍであった。評価対象地の正面は比較的新しい家屋の敷地でありすでにセットバックが完了しているが、評価対象地は未済であることが見て取れた。

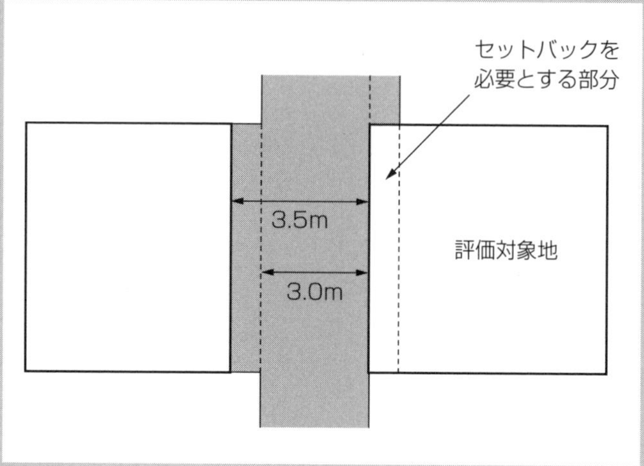

【役所調査】

役所の道路課および建築指導課で確認したところ、評価対象地の前面道路は42条2項道路に該当し認定幅員は3ｍであることが確認できた。現況幅員が3.5ｍであったのは、評価対象地の対面の土地がセットバックにより0.5ｍ分の後退距離を道路敷きとして提供したためであると考えられる。

また、評価対象地の隣地の家屋（前ページ公図の地番28-1）が建てられた際の建築計画概要書を閲覧したところ、建築時点において後退幅員0.5ｍのセットバックをしていることがわかり、評価対象地においても将来の建て替え・増改築の際は同様のセットバックを必要とすることが確認できた。

以上から、評価対象地はセットバックを必要とする宅地に該当すると判断。後退距離を0.5ｍとしてセットバック地積を求め、当該部分について自用地価額の7割相当を控除して評価することとした。

8 都市計画道路予定地の区域内にある宅地の評価

1 財産評価基本通達

〈財産評価基本通達 24-7（都市計画道路予定地の区域内にある宅地の評価）〉

都市計画道路予定地の区域内（都市計画法第４条第６項に規定する都市計画施設のうちの道路の予定地の区域内をいう。）となる部分を有する宅地の価額は、その宅地のうちの都市計画道路予定地の区域内となる部分が都市計画道路予定地の区域内となる部分でないものとした場合の価額に、次表の地区区分、容積率、地積割合の別に応じて定める補正率を乗じて計算した価額によって評価する。

地区区分／容積率／地積割合	ビル街地区、高度商業地区		繁華街地区、普通商業・併用住宅地区				普通住宅地区、中小工場地区、大工場地区		
	700%未満	700%以上	300%未満	300%以上400%未満	400%以上500%未満	500%以上	200%未満	200%以上300%未満	300%以上
30%未満	0.88	0.85	0.97	0.94	0.91	0.88	0.99	0.97	0.94
30%以上60%未満	0.76	0.70	0.94	0.88	0.82	0.76	0.98	0.94	0.88
60%以上	0.60	0.50	0.90	0.80	0.70	0.60	0.97	0.90	0.80

（注）地積割合とは、その宅地の総地積に対する都市計画道路予定地の部分の地積の割合をいう。

2 評価の概要

財産評価基本通達 24-7 は都市計画道路予定地の評価について規定したものですが、その他の都市計画施設も建築制限を受けるのは変わりないことから、24-7 の取扱いを準用することができます。都市計画施設とは、都市計画法に基づき計画決定された道路、公園、水道、河川等の施設を指します。

都市計画施設の例

1　交通施設（道路、都市高速鉄道、駐車場、自動車ターミナルなど）

2　公共空地（公園、緑地、広場、墓園など）

3　供給・処理施設（水道、電気供給施設、ガス供給施設、下水道、汚物処理場、ごみ焼却場など）

4　水路（河川、運河など）

5　教育文化施設（学校、図書館、研究施設など）

6　医療・社会福祉施設（病院、保育所など）

7　市場、と畜場、火葬場

8　一団地の住宅地設（50戸以上の集団住宅など）

9　一団地の官公庁施設（国家機関または地方公共団体の建築物など）

10　流通業務団地

11　防災施設など

〈都市計画公園〉

〈都市計画河川〉

〈都市高速鉄道〉

都市計画施設の築造が予定されている区域内の土地は、将来その用地として買収されることから、計画の障害となるような開発行為や建物建築が制限されます。

都市計画施設予定地の区域内で建物を建築する場合、原則として都道府県知事等の許可が必要となります。このとき、主要構造部が木造・鉄骨造・コンクリートブロック造等である、階数が２階以下で地階を有しないなど、撤去が容易なもの以外は原則許可されません。財産評価では、これら土地利用上の制限をしんしゃくし、一定額を減額することができます。

都市計画施設予定地の区域内にある宅地の補正率は、評価対象地の地区区分・容積率・地積割合を前項に示した補正率表に当てはめて求めます。地区区分は路線価図で確認します。容積率（17ページ）は、指定容積率と基準容積率のいずれか低い方が適用されることに注意してください（161ページ）。地積割合は、評価対象地の総地積に対する都市計画施設予定地部分の地積の割合を指します。

補正率は、地区区分・容積率・地積割合の３つの観点から、建築制限が土地価格に与える影響の大きい土地ほど減額割合が大きくなるよう、傾斜的に設定されています。

地区区分	土地の高度利用（高層化）が進んでいる地区ほど、建築制限により土地の効用が阻害される割合が大きい
容積率	容積率が増えるにつれ容積の大きい建物の建築が可能となることから、容積率が大きい地域ほど、建築制限により土地の効用が阻害される割合が大きい
地積割合	建物の配置等への影響が増大することから、評価対象地に占める都市計画施設予定地の地積割合が大きいほど、土地価格に与える影響が大きい

都市計画施設予定地の区域内にある宅地の補正率は都市計画に係る部分の価額に乗じるのではなく、評価対象地の自用地価額の全体に乗じます。なお、この評価は宅地比準方式により市街地農地等を評価する場合にも適用できます。

評価対象地が倍率地域にある場合は、「普通住宅地区」にあるものとした場合の補正率を適用します。ただし、固定資産税評価額に予定地であることがしんしゃくされている場合は、この補正は入れられません。

3　現地調査のポイント

(1)　都市計画施設予定地に気付く

都市計画施設予定地は、実際に拡幅工事等が始まる前の段階（計画決定の段階など）では外見的に変化がないことから、現地を見てそれと見抜くことは困難です。都市計画道路の場合は予定地であることを示す標識が立てられていることがありますが、必ずしも表示されるものではなく、水道や地下鉄といった地下施設の場合はさらに気付きにくいでしょう。したがって、基本的には役所での聴取が調査の中心となります。

ただし、中には予定地であることを考慮した土地利用がされていることがあり、そのような場合は現地で推察することも可能です。わかりやすい例としては、道路沿いに帯状に未利用地が続いており、ロープやフェンス等で囲まれているような場合です。

〈都市計画道路予定地の標識〉

〈拡幅が予定されている道路〉

ガードパイプが建てられている部分から、都市計画道路予定地が推察できる。

フェンスで囲まれている部分から、都市計画道路予定地が推察できる。

また、一部の土地だけが道路後退をしているケースもあります。次頁の図の例では、比較的新しい建物が建つＡ土地のみ建物が後退して建っており、前面部分は駐車場として利用されています。このことから、Ａ土地に建物が建てられる時点で道路拡幅が決定されており、それゆえに道路拡幅予定線までの後退を想定して建物が建てられ、道路用地となる部分は工事に影響の少ない駐車場として利用されているということが推察できます。

同様に、商業地で周辺に高層の建物が建っているにも関わらず、一部の土地のみ建物が２階建など低層である場合は、都市計画道路予定地に係る建築制限を受けている可能性があります。以上のように、周辺と比較して建築の有無や建物の構造、用途、階数等が明らかに異なる場合には、都市計画施設予定地の有無を確認してみるとよいでしょう。

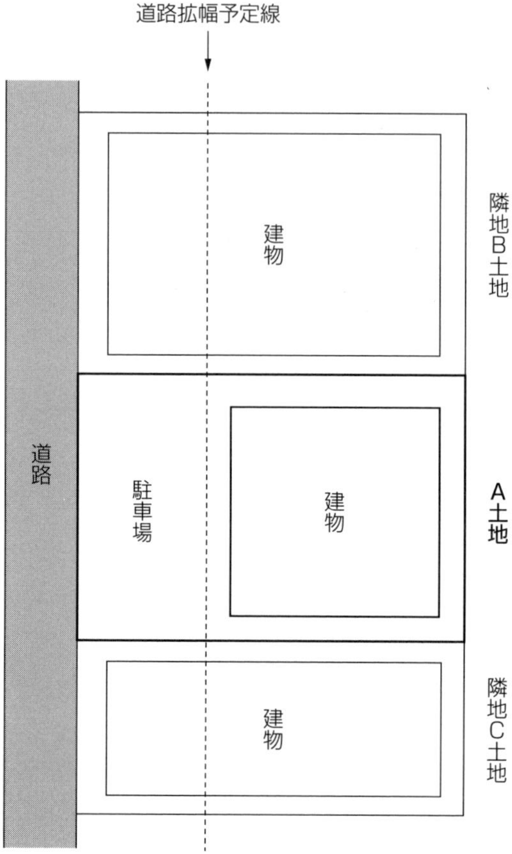
道路拡幅予定線
建物
隣地B土地
道路
駐車場
建物
A土地
建物
隣地C土地

〈拡幅が予定されている道路〉

← 道路拡幅に伴う後退を想定した土地利用がなされている。

(2)　前面道路の幅員

基準容積率の算定には前面道路の幅員を把握する必要があります。道路幅員の測定は都市計画道路予定地に限らず、調査の基本事項ですが、ここでも忘れずに測定しておきましょう。

4　役所調査のポイント

(1)　都市計画の計画線、整備状況等

都市計画を管轄する行政窓口は都市計画課、まちづくり政策課等があります。

> **都市計画を取り扱う窓口（一例）**
>
> ・都市計画課　・まちづくり政策課　・まちづくり計画課　・都市政策課　・都市づくり推進課　・計画課等

窓口では、評価対象地が都市計画施設予定地に該当するかどうかを聴取します。都市計画施設は都市計画道路が代表的ですが、公園や河川等、道路以外の施設もあるため、道路に限定せず確認するようにしてください。

都市計画図を閲覧し、計画線をはじめ、指定容積率、都市計画の名称等を確認します。都市計画図は小縮尺であることが多いため、住宅地図や公図、地積測量図等の図面を持参し照合すると、計画の及ぶ範囲を把握するのに役立ちます。

特に、評価対象地の一部のみが予定地に含まれる場合には範囲の見極めが重要です。自治体によっては、地積測量図等の上に都市計画施設の予定線を入れた証明を受けること（都市計画証明）が可能な場合がありますので、利用するとよいでしょう。

加えて、告示日（都市計画の決定が告示された日）や相続開始時点の整備状況も確認します。すでに工事が完了し整備済であった場合は、都市計画施設予定地の補正は入れられません。一方、都市計画事業はその実施時期が明確でないものも多く、中には告示日が数十年前ということもありえます。こうした場合でも、建築制限を受けている以上は都市計画施設予定地の補正が可能です。

余談ですが、都市計画の名称は「3・4・11」というように、「区分による番号」「規模による番号」「一連の番号」によって構成されています。

都市計画の名称を構成する番号（都市計画道路の場合）	
区分による番号	1：自動車専用道路 3：幹線街路 7：区画街路 8：特殊街路（歩行者専用道・自転車専用道・自転車歩行者専用道） 9：特殊街路（都市モノレール専用道等） 10：特殊街路（路面電車道）
規模による番号	1：幅員 40 m 以上 2：幅員 30 m 以上 40 m 未満 3：幅員 22 m 以上 30 m 未満 4：幅員 16 m 以上 22 m 未満 5：幅員 12 m 以上 16 m 未満 6：幅員 8 m 以上 12 m 未満 7：幅員 8 m 未満
一連の番号	都市計画区域ごとに一連番号が付される

都市計画道路は既存の道路を拡幅するものが多いため、道路台帳平面図等も参考になります。道路台帳平面図は道路課、建設課等の窓口で取り扱っています。ただし、全く道路のないところに新しく道路が作られるケースもあり、特に隅切や側道、インターチェンジ等は現道と関係のない位置に計画されることが珍しくないため、やはり都市計画課等での調査が重要となります。

なお、自治体によってはインターネットで行政地図を閲覧できるサービスが提供されています。都市計画図や道路台帳など、窓口に行かずとも調査事項が確認でき

〈都市計画図〉

(豊島区ホームページより)

〈都市計画証明〉

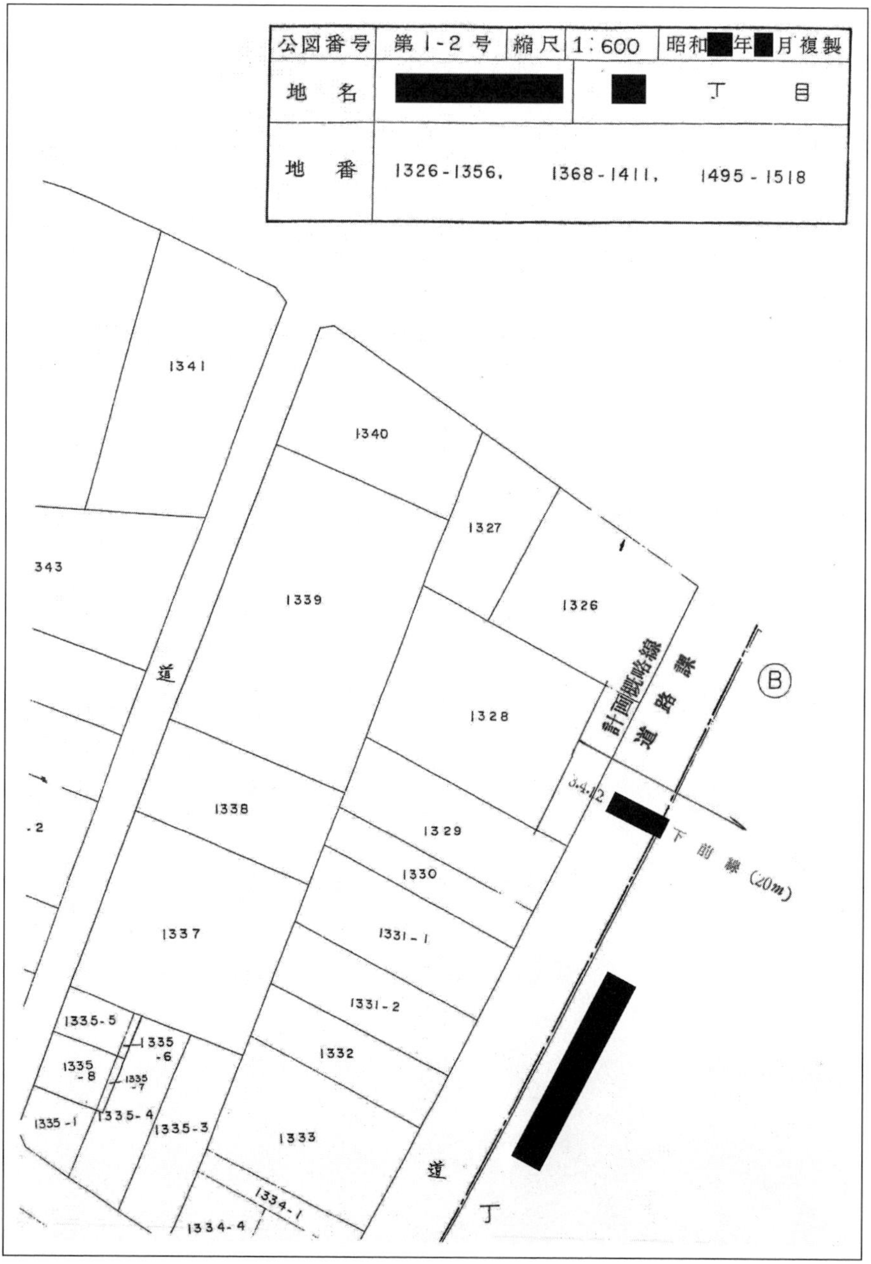
公図番号 第1-2号 縮尺 1:600 昭和[redacted]年[redacted]月複製
地名 [redacted] [redacted] 丁目
地番 1326-1356, 1368-1411, 1495-1518
1341
1340
1327
1326
343
1339
道
1328
計画路線
道路課
B
3.4.12
[redacted]
下 前 線（20m）
.2
1338
1329
1330
1337
1331-1
1331-2
1332
1333
1335-5
1335-6
1335-8
1335-7
1335-1
1335-4
1335-3
1334-1
1334-4
[redacted]
道
丁

るため、評価対象地が遠方にある場合などは役立ちます。ただ、画面サイズや縮尺の関係で位置を見誤りやすいので、事前の情報収集にとどめ、窓口で確認するようにすると盤石です。

(2) 容積率

すでに説明した通り、都市計画施設予定地の補正率は地区区分・容積率・地積割合の３要素により決定します。容積率とは敷地面積に対する建築物の延べ面積の割合を指しますが、指定容積率と基準容積率の２種類があり、いずれか低い方（厳しい方）が適用されます。

指定容積率	都市計画により用途地域ごとに定められる容積率。
基準容積率	前面道路幅員に基づく容積率。前面道路幅員が 12 m 未満の場合に適用され、道路幅員（m）×容積率低減係数（原則として住居系用途地域では 0.4、その他の地域では 0.6）で求められる。

指定容積率は都市計画課等で聴取（都市計画図で確認）しますが、このとき、容積率が異なる２以上の地域に評価対象地がまたがって立地している場合があります。

下図は、前面道路から見て手前部分と奥部分で異なる容積率が設定されている土地において、一部が都市計画道路予定地の区域内となっているケースです。この場合に採用する容積率は、予定地に係る容積率 200 ％ではなく、各容積率をその部分に対応する地積により加重平均して求めた数値となります。

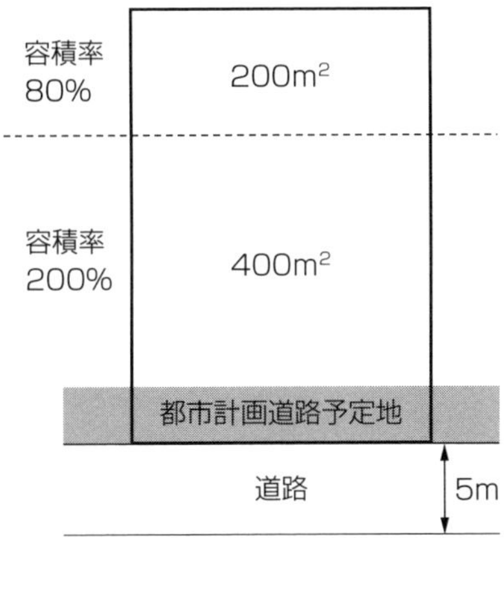

$$\frac{200\,\% \times 400\,\mathrm{m}^2 + 80\,\% \times 200\,\mathrm{m}^2}{400\,\mathrm{m}^2 + 200\,\mathrm{m}^2} = 160\,\%$$

また、容積率に影響を与える地区計画がないかどうかも確認しておきます。地区計画とは、都市計画の一部として、都市計画よりも小規模な範囲について計画を定めるものです。これにより、一定範囲の地域では都市計画と異なる規制が働いている場合があります。

さらに、基準容積率の算定のために、前面道路の幅員および容積率低減係数を調べる必要があります。道路幅員は道路課、道路管理課等、容積率低減係数は建築指導課、建築審査課、建設課等で確認します。

道路幅員を取り扱う窓口（一例）

・道路課　・道路管理課　・土木管理課　・建設総務課　・維持管理課　・道路維持課等

容積率低減係数を取り扱う窓口（一例）

・建築指導課　・開発指導課　・建築審査課　・土木管理課　・開発建築指導課　・建築開発審査課　・都市計画課等

5　事例

【机上調査】

路線価図を確認したところ、評価対象地の地区区分は普通住宅地区であった。

【現地調査】

評価対象地は住宅地にあり、簡易的に測量を行ったところ、前面道路の幅員は約４ｍであった。また、付近に都市計画道路予定地（道路拡幅）の標識が立てられていたことから、都市計画道路予定地の補正が入れられる可能性が推察できた。

【役所調査】

役所の都市計画課で確認したところ、道路拡幅の計画があり、都市計画道路予定地の区域内に評価対象地の一部が含まれることが判明。その地積割合は30

%以上 60 %未満であった。さらに、指定容積率は 200 %であることを聴取。また、この地域における地区計画はないことが確認できた。

次に道路課で道路台帳を取得し前面道路幅員を確認したところ、現地で測定した通り 4 m であった。さらに建築指導課で容積率低減係数を確認したところ、住宅系用途の場合は 0.4 との回答であった。したがって、基準容積率は 4 m×0.4＝160 %となり、補正率表にあてはめる容積率は基準容積率が適用されることが確認できた。

以上の調査結果から分かった地区区分・容積率・地積割合を補正率表にあてはめ、補正率は 0.98 と判明した。

地区区分	ビル街地区、高度商業地区		繁華街地区、普通商業・併用住宅地区				普通住宅地区、中小工場地区、大工場地区		
容積率／地積割合	700 %未満	700 %以上	300 %未満	300 %以上400 %未満	400 %以上500 %未満	500 %以上	200 %未満	200 %以上300 %未満	300 %以上
30 %未満	0.88	0.85	0.97	0.94	0.91	0.88	0.99	0.97	0.94
30 %以上60 %未満	0.76	0.70	0.94	0.88	0.82	0.76	0.98	0.94	0.88
60 %以上	0.60	0.50	0.90	0.80	0.70	0.60	0.97	0.90	0.80

（注）地積割合とは、その宅地の総地積に対する都市計画道路予定地の部分の地積の割合をいう。

9 区分地上権に準ずる地役権の目的となっている土地の評価（高圧線下地の評価）

1　財産評価基本通達

〈財産評価基本通達25（貸宅地の評価）〉

宅地の上に存する権利の目的となっている宅地の評価は、次に掲げる区分に従い、それぞれ次に掲げるところによる。

（省略）

(5) 区分地上権に準ずる地役権の目的となっている承役地である宅地の価額は、その宅地の自用地としての価額から27−5《区分地上権に準ずる地役権の評価》の定めにより評価したその区分地上権に準ずる地役権の価額を控除した金額によって評価する。

財産評価基本通達25−2（倍率方式により評価する宅地の自用地としての価額）

倍率地域にある区分地上権の目的となっている宅地又は区分地上権に準ずる地役権の目的となっている承役地である宅地の自用地としての価額は、その宅地の固定資産税評価額が地下鉄のずい道の設置、特別高圧架空電線の架設がされていること等に基づく利用価値の低下を考慮したものである場合には、その宅地の利用価値の低下がないものとして評価した価額とする。

なお、宅地以外の土地を倍率方式により評価する場合の各節に定める土地の自用地としての価額についても、同様とする。

財産評価基本通達27−5（区分地上権に準ずる地役権の評価）

区分地上権に準ずる地役権の価額は、その区分地上権に準ずる地役権の目的となっている承役地である宅地の自用地としての価額に、その区分地上権に準ずる地役権の設定契約の内容に応じた土地利用制限率を基とした割合（以下「区分地上権に準ずる地役権の割合」という。）を乗じて計算した金額によって評価する。

この場合において、区分地上権に準ずる地役権の割合は、次に掲げるその承役地に係る制限の内容の区分に従い、それぞれ次に掲げる割合とすることができるものとする。

(1)　家屋の建築が全くできない場合　100 分の 50 又はその区分地上権に準ずる地役権が借地権であるとした場合にその承役地に適用される借地権割合のいずれか高い割合

(2)　家屋の構造、用途等に制限を受ける場合　100 分の 30

2　評価の概要

(1)　区分地上権に準ずる地役権

地上権とは、建物や工作物等を所有する目的で他人の土地を使用する権利をいいます。中でも、地下または空間に上下の範囲を定めて設定されるものを区分地上権といい、地下鉄や高架鉄道、高速道路などを通すためのものが代表的です。

また、地役権とは、通行など自己の土地の便益のために他人の土地を使用する権利をいいます。通達では、特別高圧架空電線の架設や高圧ガス導管の敷設、飛行場の設置等の目的で地下や空間に一定範囲を定めて設定される地役権を「区分地上権に準ずる地役権」として評価方法を規定しています。このような地役権は実質的に区分地上権と同じ効果を持つことから、区分地上権の評価に準じた内容となっています。

(2)　区分地上権に準ずる地役権の目的となっている宅地

地役権者の便益のために使用される土地を承役地といいます。承役地は建物の建築にあたり高さや構造、用途等に制限を受けることから、財産評価においても、制限の程度に応じた減額を考慮することとなります。

区分地上権に準ずる地役権が設定されている宅地は、承役地を含めた 1 画地の自用地価額から、区分地上権に準ずる地役権の価額を控除した金額によって評価します。区分地上権に準ずる地役権の価額は、承役地の自用地価額に、建築制限の内容に応じた次の割合を乗じて求めることができます。控除割合を乗じる対象は制限を受ける部分だけであり、1 画地の土地全体ではありませんので注意してください。

制限内容	控除割合
家屋の建築が全くできない場合	50％または承役地に適用される借地権割合のいずれか高い割合
家屋の構造、用途等に制限を受ける場合	30％

この評価の適用には地役権の登記の有無を問いません。債権契約により土地利用の取り決めが行われ、物権たる地役権が登記されないこともありますが、承役地に建築制限が課される限りは本評価が適用されます。地役権が登記されなければ、登記事項証明書からはその存在が読み取れないため、現地での調査と相続人へのヒアリングが重要となります。

なお、区分地上権に準ずる地役権の目的となっている宅地を倍率方式で評価する場合において、その固定資産税評価額に高圧線下地であること等による利用価値の低下が考慮されているときには、二重に減額することを避けるため、高圧線下地のしんしゃくは行いません。

また、この評価は建物建築が原則としてできない純農地や純山林等、中間農地や中間山林等には適用できません。

(3) 高圧線下地

上空に高圧線が架線された土地における建築制限の有無や範囲は、経済産業省の電気設備技術基準により定められます。この基準によると、送電線から一定の距離以内には家屋の建築ができません。

〈高圧線下地〉

3　現地調査のポイント

(1)　相続人へのヒアリング

土地上空に高圧線を架線するときには、土地所有者と事業者（電力会社、鉄道会社等）との間で送電線架設保持に関する契約（線下補償契約）を結ぶことが一般的です。これは私法上の債権契約であり地役権の設定を伴いませんが、家屋の建築に制限を受ける場合は本評価の減額を適用します。なお、別に地役権設定契約書を交わしているケースもあります。

土地所有者（相続人）から契約書や図面を入手し、建築制限の内容や範囲、相続開始時点が契約期間に含まれているかどうか等を確認します。

余談ですが、相続発生後も契約者が被相続人のままになっていることが多いため、このタイミングで相続人に対し契約者の変更を勧めておくといいかもしれません。

(2)　机上調査

①　全部事項証明書

評価対象地に地役権が設定されていれば、全部事項証明書の権利部（乙区）の欄に登記されます。ここには設定を受けた日付のほか、建築制限を受ける範囲や内容、要役地（地役権の設定により便益を受ける土地）の所在等が記載されます。また、地役権の及ぶ範囲が土地の一部である場合は、その範囲を示した地役権図面が作られます。

②　公図

公図上に一定幅の筆が連続しているときは、地役権の設定に伴い分筆された可能性が推察されます。

③　路線価図、住宅地図

路線価図や住宅地図には鉄塔の存在が記載されています。鉄塔のマークをつないだ線が評価対象地を通過する場合は高圧線下地である可能性があります。また、同線上にある土地が更地となっているかどうかで、建築制限の程度をある程度推察することができます。

〈地役権が設定されている土地の全部事項証明書〉

表題部 （土地の表示）	調製	平成[redacted]年[redacted]月[redacted]日	不動産番号 [redacted]
地図番号 余白	筆界特定 余白		
所在 [redacted]二丁目			余白
① 地番	②地目	③ 地積 ㎡	原因及びその日付〔登記の日付〕
[redacted]番[redacted]	宅地	4：00	余白
余白	余白	余白 ：	昭和63年法務省令第37号附則第2条第2項の規定により移記 平成[redacted]年[redacted]月[redacted]日

権利部（甲区）（所有権に関する事項）			
順位番号	登記の目的	受付年月日・受付番号	権利者その他の事項
1	所有権移転	平成[redacted]年[redacted]月[redacted]日 第[redacted]号	原因 平成[redacted]年[redacted]月[redacted]日相続 所有者 [redacted] 順位5番の登記を移記
付記1号	1番登記名義人表示変更	平成[redacted]年[redacted]月[redacted]日 第[redacted]号	原因 平成[redacted]年[redacted]月[redacted]日住居表示実施 住所 [redacted]
	余白	余白	昭和63年法務省令第37号附則第2条第2項の規定により移記 平成[redacted]年[redacted]月[redacted]日
2	所有権移転	平成[redacted]年[redacted]月[redacted]日 第[redacted]号	原因 平成[redacted]年[redacted]月[redacted]日売買 所有者 [redacted]
3	所有権移転	平成[redacted]年[redacted]月[redacted]日 第[redacted]号	原因 平成[redacted]年[redacted]月[redacted]日相続 所有者 [redacted]

権利部（乙区）（所有権以外の権利に関する事項）			
順位番号	登記の目的	受付年月日・受付番号	権利者その他の事項
1	地役権設定	昭和[redacted]年[redacted]月[redacted]日 第[redacted]号	原因 昭和[redacted]年[redacted]月[redacted]日設定 目的 送電線路の設置及びその保全のための土地の立入。建造物の築造禁止及び送電線路の支障となる竹木の植栽禁止 範囲 全部 要役地 [redacted] 順位1番の登記を移記
付記1号	1番地役権変更	昭和[redacted]年[redacted]月[redacted]日 第[redacted]号	原因 昭和[redacted]年[redacted]月[redacted]日変更 目的 1、送電線路の架設及び保守等のための土地立入 2、送電線路の最下垂時における電線から、4・8mの範囲内における建造物の築造禁止、並びに送電線路支障となる工作物の設置、竹木の植栽禁止 3、爆発性、引火性を有する危険物を製造、取扱い、又は貯蔵禁止 順位1番付記1号の登記を移記
2	抵当権設定	平成[redacted]年[redacted]月[redacted]日 第[redacted]号	原因 平成[redacted]年[redacted]月[redacted]日金銭消費貸借同日設定 債権額 金[redacted]万円 利息 年[redacted]% 損害金 年[redacted]% 年365日日割計算 債務者 [redacted] 抵当権者 [redacted] 共同担保 [redacted] 順位21番の登記を移記
付記1号	2番抵当権移転	平成[redacted]年[redacted]月[redacted]日 第[redacted]号	原因 平成[redacted]年[redacted]月[redacted]日合併 抵当権者 [redacted]
	余白	余白	昭和63年法務省令第37号附則第2条第2項の規定により移記 平成[redacted]年[redacted]月[redacted]日
3	2番抵当権抹消	平成[redacted]年[redacted]月[redacted]日 第[redacted]号	原因 平成[redacted]年[redacted]月[redacted]日解除

〈地役権図面〉

地　役　権　図　面

承役地の地番	6～3　6～32
承役地の所在	[redacted] 1丁目

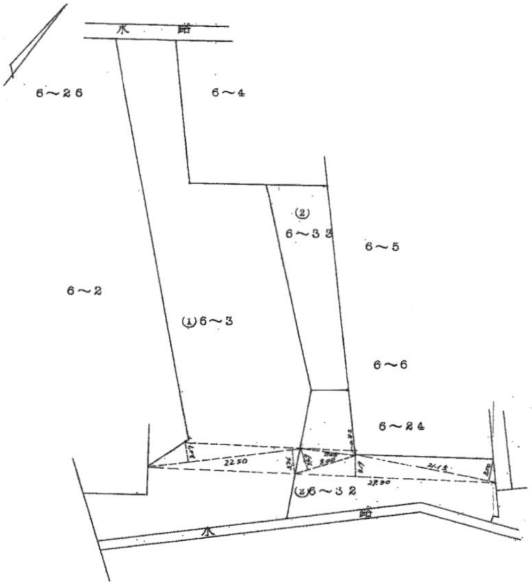

22.50×3.07＝69.075
22.50×3.76＝84.600
2) 153.675
76.8375 ㎡

7.88×0.82＝　6.4616
9.00×3.49＝31.4100
29.30×3.19＝93.4670
21.15×3.50＝74.0250
2) 205.3636
102.6818 ㎡

作製
昭和 [redacted] 年 [redacted] 月 [redacted] 日

地役権者

申請人

縮尺 1/500

〈地役権の設定が推察できる公図〉

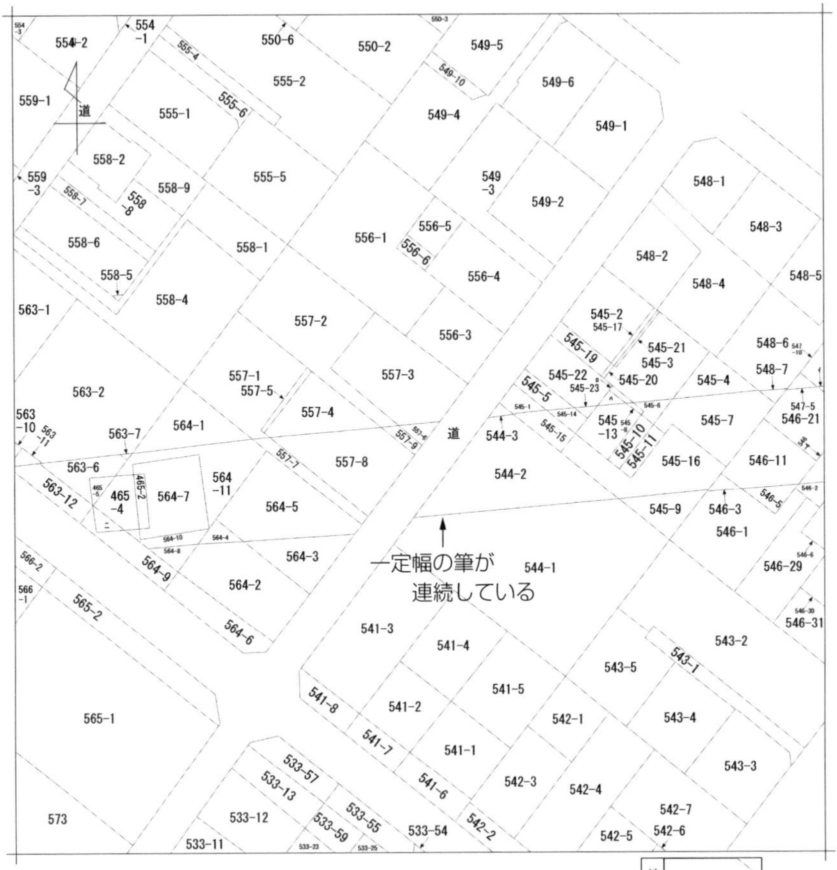

地番区域見出	[redacted]丁目

請求部分	所在	[redacted]市[redacted]二丁目				地番	[redacted]番[redacted]		
出力縮尺	1/500	精度区分		座標系番号又は記号		分類	地図に準ずる図面	種類	旧土地台帳附属地図
作成年月日			備付年月日(原図)			補記事項			

〈高圧線の存在が推察できる路線価図〉

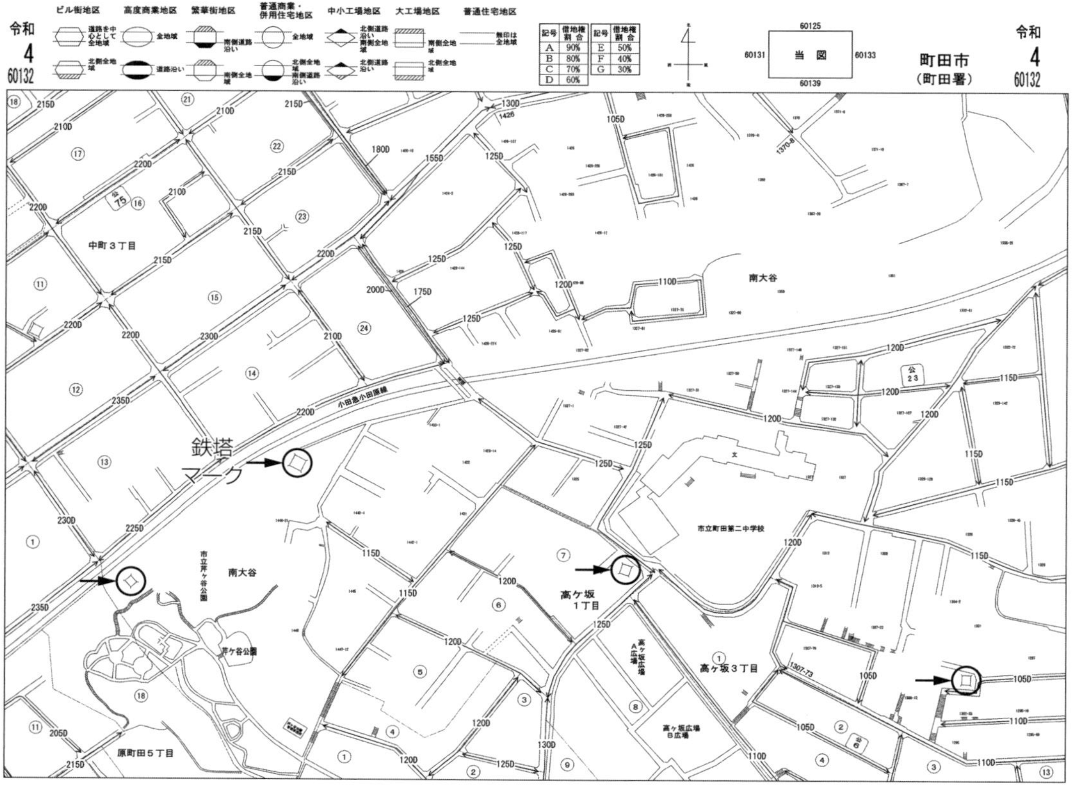

（国税庁ホームページより（一部加筆））

〈高圧線の存在が推察できる住宅地図〉

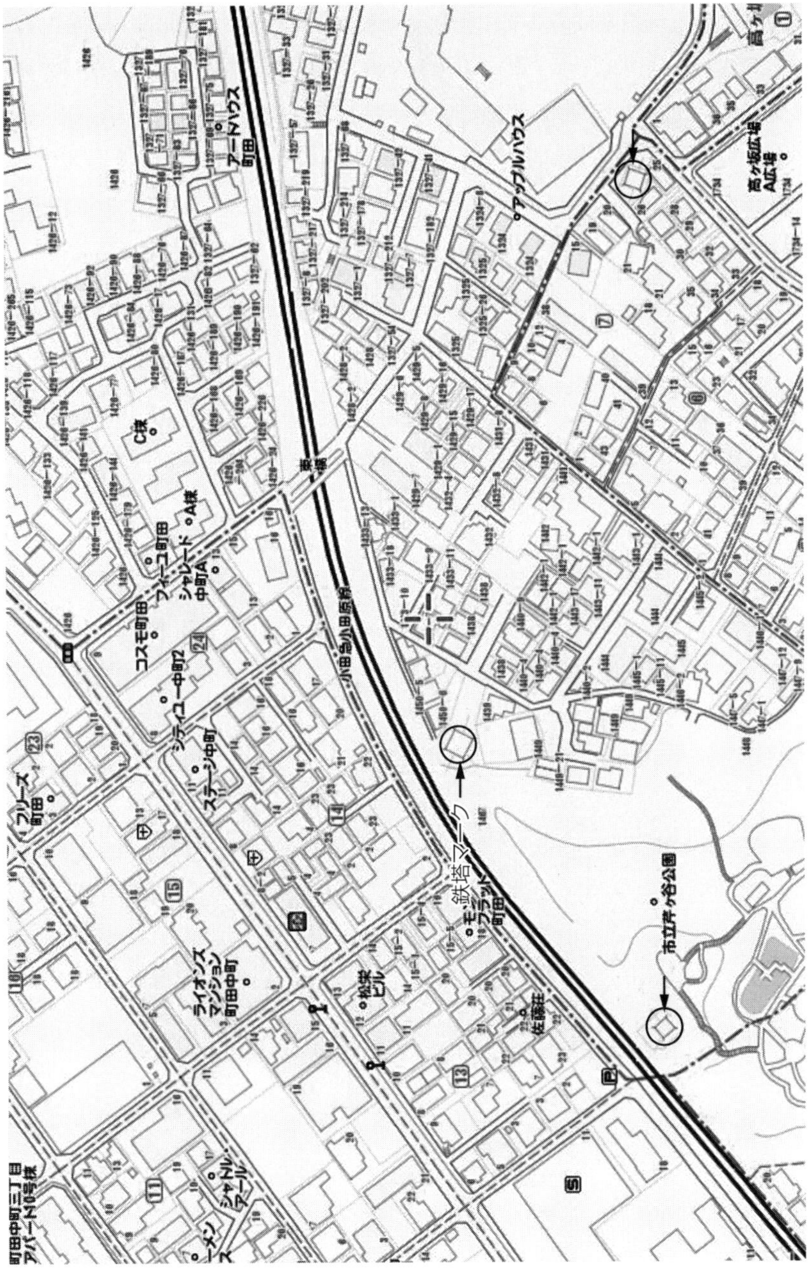

（ゼンリンGISパッケージ税理士より（一部加筆））

(3) 現地調査

架空電線は電気設備技術基準に定められる電圧の規格により低圧・高圧・特別高圧に分類され、特別高圧は 7,000 ボルトを超えるものをいいます。発電所で発電された電力は変電所や変圧器を経由して徐々に電圧を下げ、一般家庭等に送られますが、ここでいう高圧線は鉄塔の間に張られた送電線をイメージしてもらえればよいと思います。

〈高圧線の鉄塔〉

〈高圧線の鉄塔〉

高圧線といっても、いわゆる電柱の間に架けられたものは含まれません。また送電鉄塔と似たものに携帯電話の基地局がありますが、これは架線を伴いません。それらにより何らかの土地利用上の不利益を受ける場合は、別の根拠に基づく減額をしんしゃくできる可能性はありますが、本評価には該当しません。

〈携帯電話の基地局〉

高圧線は現地調査を行わなければ気付きにくい減価要因です。現地調査では、道路や境界杭といった調査項目のためにどうしても目線が下に向きがちですので、意識的に上空を確認するようにしてください。

評価対象地の上空に送電線が通っていれば、建築制限の有無および内容を調べます。鉄塔には送電線の管理番号や使用電圧、連絡先等が書かれたプレート等が掲示されていますので、最寄りの鉄塔まで行って確認します。土地所有者が契約書を紛失しているとき等は、これらの情報を基に事業者にヒアリングを行います。

〈鉄塔に掲示されたプレート〉

4　役所調査のポイント

評価対象地が倍率地域にあるときは、固定資産税評価額に高圧線下地による利用価値の低下が考慮されているかどうかを確かめる必要があります（166ページ）。これは役所の資産税課等で確認できます。

固定資産税を取り扱う窓口（一例）

・資産税課　・固定資産税課　・市民税課　・税務課　・課税課　・納税課
・税制課　・都税事務所、府税事務所、市税事務所等

相続人から入手した固定資産税課税明細書等を持参し、記載されている評価額に高圧線下地による減額が織り込まれているか確認します。このとき、委任状を求められることがあるため、あらかじめ相続人から取得しておくと調査が円滑に進みます。

5　事例

【机上調査】

評価対象地は神奈川県内の地積360 m²の自宅敷地。登記情報提供サービスで全部事項を閲覧したところ、権利部（乙区）欄に地役権設定の登記はなかった。しかし、住宅地図等を閲覧したところ、付近に送電のための鉄塔が存在していることが読み取れた。

【現地調査】

現地を確認したところ、評価対象地の一部の上空に高圧線が架線されていることが視認できた。さらに、相続人へのヒアリングで電力会社との間に線下補償契約が締結されていることを確かめた。

契約書および電力会社への電話ヒアリングから、評価対象地の90 m²に建築制限が発生しており、相続開始時点でも同様であったことが判明した。当該部分に建物が全く建てられないわけではないが、高さや構造に制限を受けることから、30％の控除を適用することが妥当と判断して評価した。

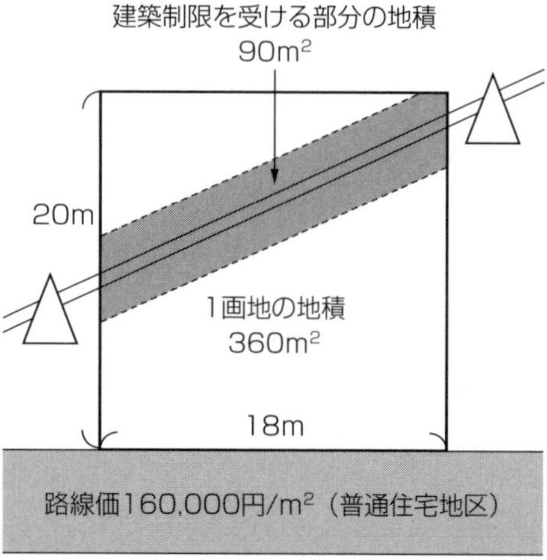

160,000円/m²×1.00（奥行価格補正率）×360 m²＝57,600,000円（自用地価額）

57,600,000円÷360 m²＝160,000円/m²

160,000円/m²×90 m²×30％＝4,320,000円（区分地上権に準ずる地役権の価額）

57,600,000円－4,320,000円＝53,280,000円

10 生産緑地の評価

1 財産評価基本通達

〈財産評価基本通達 40-3（生産緑地の評価）〉

生産緑地（生産緑地法（昭和 49 年法律第 68 号）第 2 条≪定義≫第 3 号に規定する生産緑地のうち、課税時期において同法第 10 条≪生産緑地の買取りの申出≫の規定（同法第 10 条の 5 に≪特定生産緑地の買取りの申出≫の規定により読み替えて適用される場合を含む。以下同じ。）により市町村長に対し生産緑地を時価で買い取るべき旨の申出（以下「買取りの申出」という。）を行った日から起算して 3 月を経過しているもの以外のものをいう。以下同じ。）の価額は、その生産緑地が生産緑地でないものとして本章の定めにより評価した価額から、その価額に次に掲げる生産緑地の別にそれぞれ次に掲げる割合を乗じて計算した金額を控除した金額によって評価する。

(1) 課税時期において市町村長に対し買取りの申出をすることができない生産緑地

課税時期から買取りの申出をすることができることとなる日までの期間	割合
5 年以下のもの	100 分の 10
5 年を超え 10 年以下のもの	100 分の 15
10 年を超え 15 年以下のもの	100 分の 20
15 年を超え 20 年以下のもの	100 分の 25
20 年を超え 25 年以下のもの	100 分の 30
25 年を超え 30 年以下のもの	100 分の 35

(2) 課税時期において市町村長に対し買取りの申出が行われていた生産緑地又は買取りの申出をすることができる生産緑地

100 分の 5

2　評価の概要

生産緑地とは、三大都市圏特定市の市街化区域内にある農地等で、都市計画法および生産緑地法の規定に基づき生産緑地地区の指定を受けた農地をいいます。都市に残る農地を保全する目的のほか、農業従事者の固定資産税の負担増を回避する目的があります。

国土交通省の資料によると、生産緑地は全国に約1万2,000 ha（約5万8,000地区）あります（令和4年1月時点)。下表を見て分かる通り、その多くは路線価の高い都市部に存在します。

＜生産緑地地区　都市別面積ランキング＞

首都圏

1位…さいたま市（302.7 ha/1,273 地区）
2位…横浜市（276.8 ha/1,601 地区）
3位…川崎市（264.9 ha/1,690 地区）
4位…八王子市（223.1 ha/1,033 地区）
5位…町田市（208.3 ha/1,012 地区）

中京圏

1位…名古屋市（233.0 ha/1,768 地区）
2位…静岡市（213.3 ha/1,933 地区）
3位…四日市市（130.7 ha/728 地区）
4位…一宮市（117.6 ha/968 地区）
5位…岡崎市（77.5 ha/514 地区）

関西圏

1位…京都市（532.3 ha/1,996 地区）
2位…堺市（149.4 ha/809 地区）
3位…泉佐野市（134.4 ha/584 地区）
4位…八尾市（127.7 ha/633 地区）
5位…岸和田市（109.5 ha/609 地区）

（出典：国土交通省　令和3年都市計画現況調査）

生産緑地地区に指定されると、固定資産税の軽減や相続税の納税猶予等の優遇措置を受けることができる反面、農林漁業以外の利用に制限が課されます。生産緑地において建築物の建築や宅地造成工事を行う場合には、その土地が存する市町村長の許可を受けなければならず、原則として一定の農業関連施設等以外は許可されません。

このような行為制限に対する補償的制度として、買取りの申出制度が定められています。これは、①生産緑地の指定の告示の日から起算して30年を経過したとき、②その告示後に農林漁業の主たる従事者が死亡したとき、③農林漁業に従事することを不可能にさせる故障があったときのいずれかの場合には、生産緑地の所有者は市町村長に対し、その生産緑地を時価で買い取るべき旨を申し出ることができるというものです。申出を受けた自治体は特別の事情がない限り時価で買い取るものとされており、買い取らない場合は他の営農希望者に斡旋を行います。買取りの申出の日から起算して3か月以内に斡旋が成立しない場合には、行為制限は解除されます。

また、平成30年4月に施行された改正生産緑地法において、新たに「特定生産緑地制度」が創設されました。特定生産緑地とは、指定から30年を経過する生産緑地について、その周辺の地域における公園、緑地その他の公共空地の整備の状況及び土地利用の状況を勘案して、申出基準日（都市計画決定の告示の日から起算して30年経過する日）以後においてもその保全を確実に行うことが良好な都市環境の形成を図るうえで特に有効であると認められるものとして、所有者等の同意を得て、市町村長が指定するものです。

特定生産緑地に指定されると、固定資産税の軽減や相続税の納税猶予等の優遇措置が10年間延長されます。なお、特定生産緑地の指定は、当該申出基準日までに行うこととされており、申出基準日を過ぎたものについては指定することができなくなります。指定は10年ごとの更新制となっており、10年を経過する前であれば、改めて所有者等の同意を得て10年の延長ができます。

国土交通省の資料によると、特定生産緑地は全国に4,636ha（135地区）あります（令和4年6月末時点）。

固定資産税上、生産緑地は農地に準じた課税となりますが、相続税評価では、生産緑地が生産緑地でないものとした価額（宅地並み評価）から、買取りの申出をすることができる日までの期間に応じて定められた割合（5～35 %）を控除した金額によって評価します。したがって、評価にあたっては農林漁業の主たる従事者および評価対象地の課税時期における買取りの申出ができるまでの期間等を把握する必要があります。

なお前述の通り、主たる従事者が死亡した場合にも買取り申出が可能となることから、被相続人が主たる従事者であった場合は「買取りの申出をすることができる生産緑地」に該当することとなります。

調査の前段階として、名寄帳や固定資産税課税明細書から評価対象地が生産緑地であることが分かる場合があります。市街地農地で明らかに固定資産税評価額が低くなっている場合は相続人等に確認するとよいでしょう。

3　現地調査のポイント

(1)　現況

現地では、評価対象地が農地として耕作の目的に供されているかどうかを確認します。耕作されていなければ、そもそも現況地目が農地ではなくなり、雑種地など他の評価方法となる可能性もあります。登記地目や固定資産税の課税地目が農地となっていても、これらの地目は必ずしも現況と一致しないため、現地で相続開始時における現況を把握します。

農地が生産緑地である場合、生産緑地法により標識やプレートの設置が義務付けられています。標識に指定番号等が表示されている場合は、役所調査に備えそれらの表示内容を控えます。

〈生産緑地の標識〉

千葉都市計画山王町第[redacted]生産緑地

東京都市計画
生産緑地地区
平成4年
大田区[redacted]

生産緑地地区
高槻市

(2)　生産緑地の範囲

同時に、生産緑地の範囲、すなわち評価単位を確認します。市街地農地の場合、所有している農地を自ら使用している場合には、耕作の単位にかかわらずその全体を一団の農地として一体評価しますが、生産緑地と生産緑地でない農地が隣接している場合には、生産緑地とそれ以外の部分に評価単位を分けて評価します。

耕作状況や畦道、水路、立木といった周囲の状況、生産緑地の標識などを図面と照合しつつ、隣接土地との境界を確認します。

〈生産緑地〉

(3)　宅地造成費

生産緑地は宅地比準方式により、宅地への転用を行うと仮定した場合にかかる宅地造成費を控除して評価します。財産評価に用いる宅地造成費は年ごと・自治体ごとに定められ、路線価図とともに国税庁ホームページに掲示されます。

したがって、現地では道路との高低差、樹木や地盤の状況、傾斜の有無等についても確認しておきます。

〈平坦地の宅地造成費〉

整地費

①凹凸がある土地の地面を地ならしするための工事費または②土盛工事をし

た後の地面を地ならしするための工事費。凹凸の程度、整地を要する範囲等を確認する。

伐採・抜根費

樹木が生育している土地について、樹木を伐採し、根等を除去するための工事費。ただし、整地工事によって樹木を除去できる場合は宅地造成費の金額に含めない。

地盤改良費

湿田など軟弱な表土で覆われた土地の宅地造成に当たり、地盤を安定させるための工事費。相続開始時点だけでなく、過去の地歴や周辺土地での地盤改良の有無等も確認する。例えば、もとは河川だった土地は地盤が軟弱である可能性が高いが、都市計画等において河川の付け替えが行われた場合、役所調査によってその経緯を確認することができる。

土盛費

道路よりも低い位置にある土地について、宅地として利用できる高さまで土砂で埋め立て地上げする場合の工事費。道路よりも高い位置にあって切土が必要な土地では控除できない（傾斜地の宅地造成費を検討する）。他の造成費と異なり高さを考慮するため、道路との高低差を測定する。

土止費

土盛りした土砂の流出や崩壊を防止するために構築する擁壁工事費。道路に面した部分は側溝（U字溝やL字溝）が擁壁の代わりとなり擁壁の設置が不要な場合などもあるため、現地調査にて確認する。

〈傾斜地の宅地造成費〉

傾斜地の宅地造成費は整地費・土盛費・土止費を含むが、伐採・抜根費は含められていないため、伐採・抜根を要する土地については平坦地における伐採・抜根費を基に算出した金額を加算する。なお、傾斜度3度以下の土地については、平坦地の宅地造成費の金額により計算する。

4　役所調査のポイント

(1)　生産緑地の指定の有無および範囲

生産緑地を管轄する行政窓口は農業委員会、都市農業課等があります。

生産緑地を取り扱う窓口（一例）
・農業委員会　・都市農業課　・農地課　・農政課　・緑政課　・農林水産課等

窓口では、評価対象地の生産緑地指定の有無（現地で指定番号を控えた場合はこれとの照合を行う）およびその範囲を確認します。台帳で管理をしている自治体もありますが、生産緑地の位置等を地図上に表示した図面がある場合は、持参した図面との照合を行うとよいでしょう。なお、同一の指定を受けた生産緑地でも飛び地状に存在することがまれにありますので注意してください。

(2)　主たる従事者

次に、農林漁業の主たる従事者を確認します。主たる従事者とは、その者が農業等に従事できなくなるとその経営が客観的に不可能となるような場合におけるその者を指し、必ずしも世帯主や生産緑地所有者に限定されるものではありません。また、主たる従事者とともに一定割合以上農業に従事している者、すなわち、①主たる従事者が 65 歳未満の場合はその従事日数の 8 割以上従事する者、②主たる従事者が 65 歳以上の場合はその従事日数の 7 割以上従事する者も、主たる従事者に含まれます。

なお「生産緑地の農業の主たる従事者証明願」を提出することで、その交付を受けることができる場合もあります。

〈主たる従事者証明願〉

別記様式２（第５条関係）

生産緑地買取り申出に伴う農業の主たる従事者証明願

令和　　年　　月　　日

小平市農業委員会会長　殿

申　請　者 （買取り申出をする者）	住所 電話　　　　（　　　） 氏名

生産緑地法第１０条の規定に基づき買取りを申出する生産緑地につき、買取り申出理由の生じた下記の者が、同法第１０条の規定に基づく「農業の主たる従事者（同法施行規則第３条の規定に基づく「一定割合以上従事している者」を含む。）」に該当することを証明願います。

記

１　買取り申出理由の生じた者

氏　　名	住　　　　所	申請者（買取り申出する者）との続柄
	電話　　　（　　　）	

２　買取り申出理由　　　　　　　　　死亡・故障（　　　　　　　）

３　買取り申出理由が生じた日　　　　　　　年　　月　　日

４　買取り申出する生産緑地　　　　　裏面のとおり

生産緑地買取り申出に伴う農業の主たる従事者証明書

小平農委証第　　　　号

上記の買取り申出理由が生じた者は、生産緑地法第１０条の規定に基づく「農業の主たる従事者（同法施行規則第３条の規定に基づく「一定割合以上従事している者」を含む。）」に該当することを証明する。

令和　　年　　月　　日

小平市農業委員会
会　長　竹　内　博　行

（小平市ホームページより）

5　事例

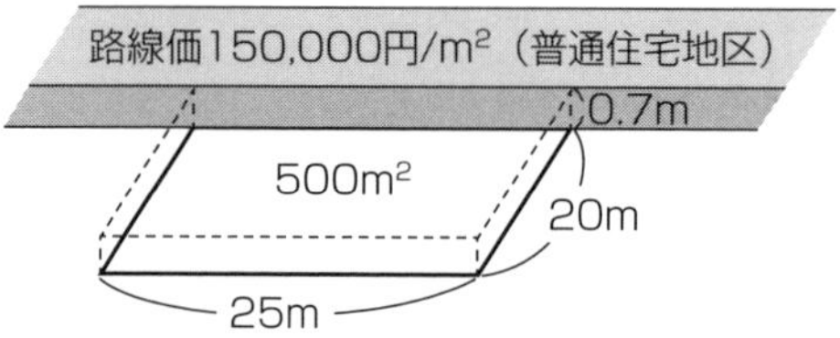

〈土地の状況〉

・令和 4 年相続開始

・東京都内の畑

・前面道路との高低差　70 cm（平均）

150,000 円/m^2×1.00（奥行価格補正率）＝150,000 円/m^2

150,000 円/m^2×1.00（不整形地補正率）＝150,000 円/m^2

150,000 円/m^2－12,810 円（1 m^2 あたりの宅地造成費(※1)）＝137,190 円/m^2

137,190 円/m^2×500 m^2＝68,595,000 円

68,595,000 円×（1－0.05(※2)）＝65,165,250 円

（※ 1）　宅地造成費の金額（令和 4 年東京都の宅地造成費を採用）

整地費　500 m^2×800 円＝400,000 円

土盛費　500 m^2×0.7 m×7,200 円＝2,520,000 円

土止費　65 m＊×0.7 m×76,600 円＝3,485,300 円　＊擁壁面の長さ 20 m＋25 m＋20 m

合計　6,405,300 円

1 m^2 あたりの宅地造成費　12,810 円

（※ 2）　調査の結果から、被相続人が主たる従事者であることを確認。したがって、評価対象地は課税時期において買取りの申出をすることができる生産緑地に該当することから、100 分の 5 の補正率を適用した。

【著者プロフィール】

不動産鑑定士
藤宮　浩

フジ総合グループ 代表
株式会社フジ総合鑑定 代表取締役
NPO 法人 相続手続きサポートセンター 理事長

『株式会社フジ総合鑑定』『フジ相続税理士法人』等から成るフジ総合グループの代表を務め、年間 950 件を超える相続関連案件を手掛ける。各地での講演や新聞・雑誌等への寄稿も多数。

【著書】『あなたの相続税は戻ってきます』『日本一前向きな相続対策の本』『相続税を納め過ぎないための土地評価の本』（現代書林）
【編著】『これだけ差が出る相続税土地評価 15 事例』（クロスメディア・マーケティング）
【寄稿】賃貸経営マガジン『OWNER'S STYLE（首都圏版）』（オーナーズ・スタイル）
【講演】『賃貸経営＋相続対策 大家さんフェスタ』（於新宿 NS ビル）セミナー講師、幻冬舎主催セミナー講師　等

不動産鑑定士
小野寺　恭孝

株式会社フジ総合鑑定 東京事務所 所長

不動産鑑定評価の知識を生かした土地評価等に定評があり、現在は、他事務所の税理士が行った相続税土地評価をチェックする『土地評価セカンドオピニオン』や評価意見書の作成を行うサービスを展開中。

【編著】『これだけ差が出る相続税土地評価 15 事例』（クロスメディア・マーケティング）
【寄稿】『税経通信』（税務経理協会）『税務弘報』（中央経済社）
【講演】税理士会各支部セミナー講師、実務経営サービス主催セミナー講師　等

株式会社フジ総合鑑定／フジ相続税理士法人
不動産鑑定士と税理士による相続専門事務所。8,600 件以上の相続関連業務実績を持ち、特に地主層からの信頼が厚い。相続税申告のみならず、土地評価セカンドオピニオン、土地評価クアトロチェック、相続税更正の請求手続き、生前対策コンサルティング等を行う。代表者は藤宮浩（不動産鑑定士／株式会社フジ総合鑑定）、髙原誠（税理士／フジ相続税理士法人）。

著者との契約により検印省略

令和元年５月30日　初版発行
令和５年４月30日　第２版発行

現地調査・役所調査からみえてくる
相続税土地評価の減価要因
［第２版］

著　　者　フジ総合グループ
発 行 者　大　坪　克　行
印 刷 所　美研プリンティング株式会社
製 本 所　牧製本印刷株式会社

発 行 所　〒161-0033　東京都新宿区
下落合２丁目５番13号
株式会社　**税務経理協会**
振替　00190-2-187408
電話（03）3953-3301（編集部）
FAX（03）3565-3391
（03）3953-3325（営業部）
URL　http://www.zeikei.co.jp/
乱丁・落丁の場合は，お取替えいたします。

ISBN978－4－419－06925－4　C3034